JN121025

職長の安全衛生テキスト

中央労働災害防止協会

はじめに

　職長は、職場において労働者を直接指揮監督する人であり、現場の日々の状態を最もよく知り得る立場にあります。

　また、労働者と管理者の間に位置して、それぞれに対する情報の伝達役でもあり、現場の安全衛生の「要の役」に当たります。このことから、労働安全衛生法では、一定の業種の新任の職長に対して、安全衛生についての教育を行うことを義務付けています。

　本書はこの職長教育用テキストとして、また職長の職務の副読本として作成されたものであり、これまでにも数回にわたって改訂を行ってきました。特に平成18年には、法令の改正によって、職長教育の教科目に労働安全衛生マネジメントシステム（OSHMS）の中核であるリスクアセスメントが追加され、職長に対する現場でのマネジメント力向上への期待が大きくなりました。

　今回の改訂では、職長教育の対象となる業種が拡大されたことなど最近の法令改正や安全衛生管理・活動の動向に対応して記載事項の見直しを行い、内容の一層の充実を図りました。

　本書が幅広く活用され、事業場の安全衛生水準の一層の向上に役立つことを願っています。

　令和5年10月

中央労働災害防止協会

労働安全衛生法に基づく教育事項（労働安全衛生規則第40条）

労働安全衛生法に基づく教育事項	第2編の章
法第60条第1号に掲げる事項 　1　作業手順の定め方 　2　労働者の適正な配置の方法	第7章 第3章
法第60条第2号に掲げる事項 　1　指導及び教育の方法 　2　作業中における監督及び指示の方法	第1章 第2章
法第60条第3号に掲げる事項 　（法第28条の2第1項又は第57条の3第1項及び第2項の危険性又は有害性等の調査及びその結果に基づき講ずる措置に関すること） 　1　危険性又は有害性等の調査の方法 　2　危険性又は有害性等の調査の結果に基づき講ずる措置 　3　設備、作業等の具体的な改善の方法	第11章 第4章 第5章 第8章
法第60条第3号に掲げる事項 　（異常時等における措置に関すること） 　1　異常時における措置 　2　災害発生時における措置	第9章 第10章
法第60条第3号に掲げる事項 　（その他現場監督者として行うべき労働災害防止活動に関すること） 　1　作業に係る設備及び作業場所の保守管理の方法 　2　労働災害防止についての関心の保持及び労働者の創意工夫を引き出す方法	第6章 第12章

目　次

第1編 職長の役割

この編で学ぶこと

　職長教育の法的背景、教育対象者である職長の基本的責務ならびに組織における役割と機能、職長としての働きができる「力」をつけるために必要な事項を学ぶ。

1　職長とは

　職長とは、「作業中の労働者を直接指導又は監督する者」とされている（労働安全衛生法第60条）。この「職長」とは総称に過ぎず、事業場によって、監督、班長、リーダー、作業長など、さまざまな名称で呼ばれている。名称はともかく、仕事を行う上で、現場で部下を指導、監督する人が職長であり、重要な役割を果たしている。

　労働安全衛生法により、事業者にさまざまな安全衛生教育の実施が義務付けられている（**表 1-1-1**）。特に、製造業等の一定の業種において事業者が行うべき新任の職長に対する「職長教育」（同法第60条）は、職長としての職務を果たすために必要な能力を付与するもので、その実施要件が法令等により定められている（**表 1-1-2**）。令和5年4月からは、化学物質の自律的な管理が求められることになり、近年の化学物質による労働災害発生状況などから、それまで対象でなかった「食料品製造業」、「新聞業、出版業、製本業および印刷物加工業」も対象となった。

　なお、建設業および造船業では、職長が「安全衛生責任者」（労働安全衛生法第

表 1-1-1　労働安全衛生法に規定されている主要な教育

・安全管理者等の能力向上教育（第19条の2）
・雇入れ時教育（第59条第1項）
・作業内容変更時教育（第59条第2項）
・特別教育（第59条第3項）
・職長教育（第60条）
・危険有害業務従事者教育（第60条の2）
・健康教育等（第69条）

表 1-1-2　職長教育

1　教育対象業種：6 業種（労働安全衛生法施行令第 19 条） 　　　　　① 建設業 　　　　　② 製造業。ただし、次に掲げるものを除く。 　　　　　　イ　たばこ製造業 　　　　　　ロ　繊維工業（紡績業及び染色整理業を除く。） 　　　　　　ハ　衣服その他の繊維製品製造業 　　　　　　ニ　紙加工品製造業（セロファン製造業を除く。） 　　　　　③ 電気業 　　　　　④ ガス業 　　　　　⑤ 自動車整備業 　　　　　⑥ 機械修理業 2　教育カリキュラム：労働安全衛生規則第 40 条第 2 項 3　教育時間：12 時間以上（労働安全衛生規則第 40 条第 2 項） 4　教育手段：討議方式（昭和 47 年 9 月 18 日基発第 601 号の 1） 5　教育講師：RST トレーナー（昭和 48 年 9 月 12 日基安発第 23 号）

16 条）を兼ねることも多く、この場合は、職長としての職務と安全衛生責任者の職務の両方を行うこととなる。

2　職長の役割と責務

　労働安全衛生法第 60 条で定められた職長の役割と責務について考えてみる。

(1) 職長は、職場の「キーパーソン」

　職長は、「作業中の労働者を直接指導又は監督する者」として、ある一定の作業範囲・内容について責任を持つ、作業の直接の責任者である。このような職長の立場より、期待される役割・機能は、「先取りの安全衛生管理」、「情報管理」、「部下

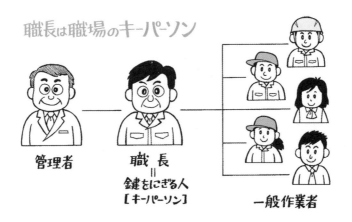

の育成」の３点にあり（**表1-1-3**）、ここに「要の役」、または職場の「キーパーソン」（作業の鍵をにぎる人）といわれるゆえんがある。

　職場における重要な「要の役」にある職長は、自分自身の行動の部下への影響力の大きさを自覚しなければならない。影響力には、「プラス、マイナス」の両方が存在する。すなわち良い影響を与える場合もあれば悪い影響を与える場合もあるが、悪い影響はすぐに現れることが多い。

表1-1-3　組織における職長の役割と機能

1　先取りの安全衛生管理について	→	現場の問題点を見つける力をつけ、先取りの安全衛生	
職場で直接指導・監督	→	現場を一番知り得る立場	→ 異常の早期発見と是正
2　情報管理について	→	情報管理の要であり、正確・確実な情報の伝達	
管理者 ⇄ 職長 ⇄ 作業者			
3　部下の育成について	→	知識、技能、態度教育による部下の育成	
職長	→	現場で共に行動する立場	

① 先取りの安全衛生管理

　　現場で直接指導・監督する職長は、現場の状況を知り尽くしている。したがって、職長は、職場の不安全行動、不安全状態（職場の異常）を早期に発見し、是正することが期待されている。また、先取りの安全衛生管理を推進することができるポジションであり、期待されるところも大きい。

② 情報管理

　　仕事の推進に当たり、報告・連絡・相談いわゆる「報・連・相」は、欠かすことのできない、基本的行動として要求される。

　　職長は、管理者の意向を作業者へ伝え、また、第一線作業者の情報を管理者に伝える等、さまざまな情報の交通整理をする立場におかれている。職長が、情報を正確に、迅速に処理しなければ、業務の遅滞が生まれることになるので、職場の情報管理は、職長の力量に依存しているといっても過言ではない。

③ 部下の育成

　　現場で直接指導・監督する職長は、常に、部下と行動を共にする立場にある。

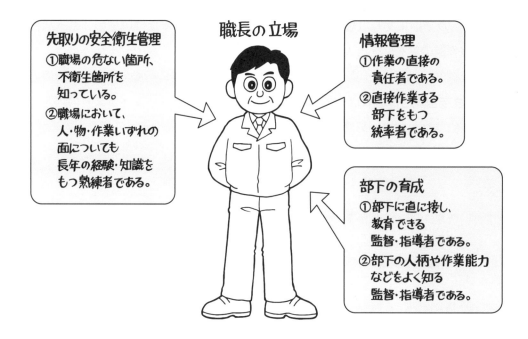

職長は、部下に対し仕事に必要な知識、技能、態度について直接、指導・教育する。

（2）安全衛生業務と職長の責務

① 職長の主要な安全衛生業務

　　職長は職場の「キーパーソン」の立場にあるが、企業では業務を円滑に進めるために、通常、階層別、業務別に仕事の分担を明確にする。安全衛生業務についても同様であり、多くの事業場では、安全衛生管理規程により階層別に業務分担を明確にしている。この規程をみれば、職長として自分の「やるべき業務は何か」を知ることができる（なお、安全衛生管理規程がない事業場では、早急に作成す

表 1-1-4　職長の主要な安全衛生業務

- 職場会議の主催
- 危険性又は有害性等の調査（リスクアセスメント）に参加すること。
- 作業に関する安全衛生の基準となるべきもの（作業手順等）を整備し、部下に守らせる。
- 「自主点検表」を整備し、部下に点検させる。
- 作業環境測定が必要な作業名および測定結果を把握しておく。
- 「整理整頓基準」を整備し、それを励行させる。
- 作業者の資格、その能力を考慮して適正配置を行う。
- 「安全衛生に関する教育・訓練」を実施する。
- 部下の安全衛生意識の高揚を図るための活動を推進する。
- 異常時、緊急時の措置ルートを整え、部下に徹底する。
- 部下の健康状況の把握につとめる。
- 職場内に法令で決められている表示、標識の設置を行う。

ることが必要である）。主要な安全衛生業務を**表 1-1-4** に示す。

② 職長の法的責任範囲

　ここで注意をしなければならないのは、職長の法的責任範囲である。労働安全衛生法では、ほとんどが「事業者は、○○を講じなければならない」と記載している。安全衛生管理規程により、職長に権限委譲がなされた業務は、職長が責任を持って推進することが要請される。職長は、法律上その法人または人の業務に関して、労働安全衛生法違反をしたときは、その行為者として責任がともなってくることを忘れてはならない（**表 1-1-5**（次ページ））。

3　職長教育の教育事項

職長教育の教育事項は、労働安全衛生規則第 40 条で定められている。

- 作業手順の定め方
- 労働者の適正な配置の方法
- 指導及び教育の方法
- 作業中における監督及び指示の方法
- 危険性又は有害性等の調査の方法
- 危険性又は有害性等の調査の結果に基づき講ずる措置
- 設備、作業等の具体的な改善の方法
- 異常時における措置
- 災害発生時における措置
- 作業に係る設備及び作業場所の保守管理の方法
- 労働災害防止についての関心の保持及び労働者の創意工夫を引き出す方法

　これらの教育事項を、「人」、「物」および「作業」などでわかりやすく整理すると**図 1-1-1**（19 ページ）のようにまとめることができる。本テキストでは太く囲んだ項目を 12 の章に構成している。

　なお、図のリスクアセスメントについては、主に「作業」と設備等の「物」を対象に行い、リスクの低減は人に頼らない措置をとることが基本となるが、「危険性又は有害性等の調査等に関する指針」では、リスクアセスメントの実施に際しては、疲労を伴う作業や夜間勤務などでは「人」についても配慮することが望ましいとされている。

　また、職長教育が目指しているのは、職場の「キーパーソン」として、前に述べた職長の役割である「先取りの安全衛生管理」、「情報管理」、「部下の育成」を実践するために必要な能力の習得であるといえる。その目指すところは、次の２つである。

表 1-1-5　事業者

事業者については、労働安全衛生法第2条で次のように定義されている。

●事業者─事業を行う者で、労働者を使用する者をいう

　労働安全衛生法の「事業者」とは、その事業における経営主体のことをいうのであり、したがって、個人企業にあっては、その事業主個人、会社その他の法人の場合には法人そのものを指している。なお、労働基準法の「使用者」とは、「事業主又は事業の経営担当者その他その事業の労働者に関する事項について、事業主のために行為をするすべての者」（第10条）をいい、権限の付与等がなされていれば課長、係長等でも使用者となる。

労働安全衛生法令の条文中の「事業者」の規定例

（安全衛生教育）

安衛法第59条　事業者は、労働者を雇い入れたときは、当該労働者に対し、厚生労働省令で定めるところにより、その従事する業務に関する安全又は衛生のための教育を行なわなければならない。

2　前項の規定は、労働者の作業内容を変更したときについて準用する。

3　事業者は、危険又は有害な業務で、厚生労働省令で定めるものに労働者をつかせるときは、厚生労働省令で定めるところにより、当該業務に関する安全又は衛生のための特別の教育を行なわなければならない。

安衛則第519条　事業者は、高さが2メートル以上の作業床の端、開口部等で墜落により労働者に危険を及ぼすおそれのある箇所には、囲い、手すり、覆い等（以下この条において「囲い等」という。）を設けなければならない。

2　事業者は、前項の規定により、囲い等を設けることが著しく困難なとき又は作業の必要上臨時に囲い等を取りはずすときは、防網を張り、労働者に要求性能墜落制止用器具を使用させる等墜落による労働者の危険を防止するための措置を講じなければならない。

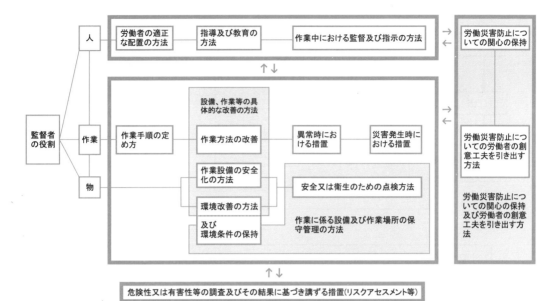

図中のテキスト：

人 — 労働者の適正な配置の方法 — 指導及び教育の方法 — 作業中における監督及び指示の方法

↑↓

監督者の役割

作業 — 作業手順の定め方 — 作業方法の改善（設備、作業等の具体的な改善の方法） — 異常時における措置 — 災害発生時における措置

物 — 作業設備の安全化の方法 — 環境改善の方法 及び 環境条件の保持 — 安全又は衛生のための点検方法 — 作業に係る設備及び作業場所の保守管理の方法

労働災害防止についての関心の保持

労働災害防止についての労働者の創意工夫を引き出す方法

労働災害防止についての関心の保持及び労働者の創意工夫を引き出す方法

↑↓

危険性又は有害性等の調査及びその結果に基づき講ずる措置(リスクアセスメント等)

図 1-1-1　職長教育の教育事項

① 職場に存在する「人、物、作業」および「管理」上の具体的問題点を、早期に見つけ解決する「固有技術力の向上」

② 職場のチーム全員で「効率的」・「計画的」・「継続的」に、改善活動を推進していく「リーダーシップ能力の向上」

（1）問題点を早期に見つけ、解決する固有の技術力の習得

　職場の問題点を考えるに当たり、仕事の構成要素を考えてみる。仕事は３つの要素「人、物、作業」と「管理」から成り立っている（**図 1-1-2**）。

職長に期待する人間像

システマティックな問題解決力

新しい技術革新についていける高度な理解力

部下に信頼されるリーダーシップ

上司に信頼される部下への指導力

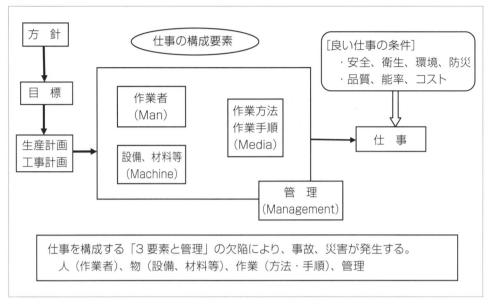

図 1-1-2　仕事の構成要素（4M）

　「人」は作業者、「物」は原材料、部品、設備、機械および職場の環境である。また、「作業」は、作業の手順・方法である。したがって、仕事は、ある「職場環境」のもと「設備、原材料等」を使い、「定められた作業手順・方法」に従い、「作業者」が働くことにより進められている。そして、良い仕事にするために、生産計画、工程表、各種の標準書のもとに安全衛生を確保しつつ「管理」がなされている。

　しかし、職場では、日々「3要素（人、物および作業）と管理」に問題が発生し、安全衛生に限らず、ある時は、品質、能率、原価のいずれかに問題が生まれ、良い仕事を達成することが困難となる。これらの問題解決には、常々「どの設備が、どの作業が、そして誰が」と具体的に問題を特定することが重要となる。

　つまり、職長は、職場のキーパーソンとして良い仕事ができるように仕事を構成している「3要素と管理」について、職場の「不安全状態」や作業者の「不安全行動」を見逃さず、問題（異常）があれば早期に発見し、解決を図る技術を習得して、常に正常な状態のもとに生産活動を進めることが期待されている。

（2）リーダーシップ能力の習得

　職場には、一つではなく、常に多くの問題が同時に存在するのが一般的である。職長には、職場に発生する一つひとつの具体的問題を解決すると同時に、数多く存在する職場の問題を抽出し、計画的、効果的、継続的に改善することが求められる。

職場の問題解決は、職長にとって本来業務ではあるが、職長が一人で問題解決を図ることは困難であり、部下とともに全員参加で解決することが必要となる。職長には、リーダーとして「部下への動機づけ、また、いかに部下を動かすか」等、リーダーシップ能力の習得と向上が求められる。

●まとめと討議テーマ●

●まとめ

① 職長教育を修了した職長の指揮、監督のもとで、仕事を推進する。

② 職長の基本的役割は、職場において異常の早期発見（先取りの安全衛生管理）、情報管理「報・連・相（報告・連絡・相談）」の的確な実施、部下の育成・指導の3点である。

③ 職長の役割を果たすために、労働安全衛生規則第40条で教育事項が定められている。

④ 職長教育の求める教育事項は**図1-1-1**に示すとおりで、その目指すところは、職場の問題点を解決する「固有技術力の向上」、数多く存在する職場の問題を解決し職場を動かす「リーダーシップ能力の向上」である。

⑤ 職長は、労働安全衛生法上のその業務の行為者としての責任を担う立場におかれる場合がある。

⑥ 職場の問題点の発生原因および解決の切り口は、仕事を構成している「人（作業者）、物（設備、原材料、職場環境等）、作業（手順・方法）と管理」にある（**図1-1-2**）。

●討議テーマ

① 自分の職場について、職長教育の教育事項の中で一番弱い点はどこか。

② 職長の立場3項目（「先取りの安全衛生管理」、「情報管理」、「部下の育成」。15～16ページ）について、共通して弱い点は何か。その原因と対策を検討する。

③ 職場で、仕事を構成する人、物および作業ならびに管理について、弱い点は何か。その原因と対策を検討する。

第2編

職長の職務

第 1 章 指導・教育の進め方

この章で学ぶこと

職長は、部下の働きを通して仕事の成果を上げることができる。また、作業者一人ひとりは、本来的に向上心を持って学びたい気持ちを持っている。ここでは、職場における指導・教育の進め方について学ぶ。

1 指導および教育の目的と意義

部下に安心して仕事が任せられない、という悩みをよく聞く。しかし、部下に任せられないといって自分でやっていては、ますます忙しくなって仕事が進まなくなり、職場全体に目が届かなくなって、事故や災害の発生という事態になりかねない。

職場で最も広く行われる指導・教育は、実際の仕事の場で職長が 1 対 1 で指導するいわゆる OJT で行われることが多いが、これは「見よう見真似」ではない。部下の指導・教育が職長の重要な業務であることは言うまでもないが、効果的に進めるには計画的に順序を踏んでいくことが必要である。

教育は、「育てる」ことに目的がある。指導・教育をしても相変わらず以前と同じ危険な作業のやり方、ルールを無視する行動を続けていては、効果がなかったことになる。災害が発生して、作業者の不安全行動の原因と背景を分析すると、「知らなかった（知識不足）」、「できなかった（技能不足）」、「やらなかった（意欲不足）」という3つの要因が明らかになってくる。これら3つの要因をなくすためには、的確な知識教育、技能教育、態度教育が必要となる（**表 2-1-1**）。効果が上がる指導・教育を実施するには、次に述べる順序で進めることが大切である。

表 2-1-1　不安全行動の要因と安全衛生教育の種類

不安全行動の要因	教育の種類と内容	
知らなかった	知識教育	扱う機械、設備の構造、機能、性能など 材料や原料の危険性、有害性 災害発生の原因と正しい作業の方法 作業に必要な法規、規程、基準など
できなかった	技能教育	作業のやり方、操作の仕方、点検や異常時の措置など それぞれの作業の技能、技術力の向上
やらなかった	態度教育	職場の危険の種類や大きさを教え、安全に作業をしようとする意欲や心構えを育てる 職場規律や安全規律を身につけさせる

2　効果的な指導・教育を進めるための 6 つの手順

次の 6 つの手順は、効果的な指導・教育を進めるための基本的手順である。

(1) 必要性の把握

職長が部下の指導・教育が必要と考えるのは、どのような場合だろうか。

① 資格等の教育

労働安全衛生法などで、法的な資格や特別教育が必要か否か把握する。危険有害業務に就かせる場合には、資格者の養成、特別教育を実施する必要がある。

業務範囲にどのような危険有害業務があり、有資格者を何人必要とするのか、また、特別教育の受講者の記録を調べて、必要なら新たに教育計画をつくる。なお、特別教育の新設など、法令改正への対応が必要となることもある。

② 配置替え教育

ローテーションによって配置替えして、新しい業務に就く場合に実施する教育がある。

③ 新規工事、新規製造ラインの導入および作業方法変更時の教育

新しい設備が導入されたときや、事故や災害の原因分析から、従来の作業方法

を変えるような場合に指導・教育が必要となる。

その他、年間予定で決めた行事に伴う教育、また、日常の業務の中で必要な技能が不足していて仕事の出来栄えが悪かったり、危険な作業やルール無視が目についた場合に実施する教育もある。

作業者一人ひとりを対象としてこのような指導・教育をする必要がある場合は、後述の OJT 教育、また、適正配置（第 3 章）で述べる個人面接などが必要となる。

職長は、このように多種多様な指導・教育の必要性を常に把握しておくよう心がけなければならない。そのためには、指導・教育の必要性を把握する機会（**表2-1-2**）をとらえて、こまめに記録しておく。

表 2-1-2　指導・教育の必要性を把握する機会

- 毎日の仕事の中で作業計画をつくるとき
- 朝礼で指示をするとき
- 現場を巡視するとき
- 報告を受けるとき
- 点検記録を調べるとき　　など

（2）目的・目標の明確化

必要性が把握されると、おのずと指導・教育の目的は明確になることが多い。

しかし、目標となると必ずしも明確ではない。たとえば、

① 資格を必要とする場合は取得することが目標であるし、溶接技能の習得であれば、習得する技能のレベルを目標として決めることは容易である。

② しかし、「しつけ」や「やる気を高める」といった態度教育となると、なにがしかの教育を実施することだけで終わってしまうことが少なくない。

③ 最初に述べたように、教育の目的は相手を「育てる」ことにあるので、「どのレベルまで育てたいか」という目標を明確にする必要がある。たとえば、「しつけ」ではもう少し細かく目的を分けて、「挨拶をキチンとできるように」とすれば、目標を「いま 50% しかできない朝と帰りの挨拶を 100% できるようにする」と決めることができる。

この目的・目標を明確に決めることは、次の手順である「計画立案」、さらに最後の「評価」の手順でも必要になる。

（3）計画立案

目的・目標が明確になったら、それを達成するための計画を立てる。

計画は、5W1H を適用して具体的に内容を決める。これらの内容を 1 つの表にまとめたものを「カリキュラム」という。

表2-1-3　5W1H

記　号	内　　容
Why	なぜ（目的、目標）
Who〔Whom〕	だれが（講師、指導者）〔だれに（受講者、指導を受ける人）〕
When	いつ
Where	どこで
What	なにを（指導内容、教育内容）
How	どのように

作業者一人ひとりを対象にする場合は、このようなものではなく、監督者のメモの中に書き込まれるような場合もあるだろうが、形式はどうあれ 5W1H のそれぞれをはっきり示すものであることが望ましい。個人が対象だからとその場その場の思いつきでは、教育の効果は期待できない。

（4）準備

計画に基づいて準備する段階である。準備の出来・不出来で結果が大きく左右されるのは、他の仕事をする場合と同じである。

準備の項目で頭を悩ますのが、「だれが」＝「講師」である。では、どのような条件を満たせば「良い講師」といえるのだろうか。

表 2-1-4　良い講師の 3 条件

第1条件	教える内容をよく知っている	よく知らないことを教えることはできない。
第2条件	教える技法に習熟している	指導の内容によって、講義、討議、役割演技などの教える技法を組み合わせて実施する（4 段階、8 原則（26 ページ、31 ページに記載））。
第3条件	教えることに情熱を持っている	ここまで相手を育てたいという目標を、是が非でも達成したいという情熱が必要である。

この３条件を満たす最適任者は、その職場の職長である。そのためには多少の努力と準備が必要であるだろうが、是非積極的にチャレンジしてほしい。

次に、資料やテキストを準備する。最近は法に基づく資格や特別教育について、良いテキストが充実している。これらの市販のテキストを利用して、さらに身近な事故や災害事例、新聞記事、関係する雑誌などを参考に資料をつくると効果的である。

また、講師として準備するものに「指導案」がある（28 ページ指導案例参照）。

教育の内容を「導入」、「提示（説明）」、「適用（討議をやらせる）」、「確認」の４段階に分けて、それぞれの要点と方法、資料、時間配分を詳細に示すもので、これをつくることで全体の構想を練ること、落ち度なく準備、実施すること、実施後の反省と次回の実施に向けた改善などに利用できる。

（5）教育実施

指導・教育を実施する段階では、４段階法で実施することが効果的である。これは教育のシナリオといえる「指導案」の手法であり、「①導入、動機づけ」、「②提示（説明）またはやってみせる」、「③適用またはやらせてみる」、「④確認または教えた後を見る」の４つの段階を順に進めていくものである。これは、OJT で技能や態度を教えるときも、教室で知識を与えるときも同じである。さらに、「教材のビジュアル化」、「プレゼンテーション技術の向上」を図ればより効果的な教育が実施できる。

① 教育の「指導案」の策定について

「指導案」とは、与えられた時間で、効果的に教育を実践するためのシナリオである。具体的には、教育目標を達成するために、「何を、どの順番で、どの程度の時間で、どのような教材で、いかなる手段」により教育を実施するか検討し、「４段階」で内容を検討、整理したものである（４段階法）。

• 第１段階 「導入」 ⇒受講者の「動機づけ」

　導入の狙いは、受講者の「動機づけ」であり、受講者自身が教育を受ける理由・必要性について納得することが必要である。

（具体例）

　まず、挨拶と気楽な会話で打ち解けた雰囲気をつくる。次に、これから教える内容とスケジュールを簡単に説明した後、それが教わる相手にとってどんなに重要で意義のあることかを話して、学びたい気持ちにさせる。さらに質問して、そのことについて知っている程度を確かめて次の段階に入る。

- 第 2 段階 「提示」（説明）またはやってみせる　⇒教育内容の理解

　提示の狙いは、教育内容そのものであり、教育項目、その展開の仕方について整理、準備し、教育事項を理解させる。

（具体例）

　一つずつ区切って説明またはやってみせて相手に納得させる。重要なポイントは急所として取り上げ、なぜそれが急所になるかを説明して記憶させる。相手が理解したことを確かめながら進め、理解が不十分だと思ったら繰り返して説明する。

- 第 3 段階 「適用」またはやらせてみる　⇒教育内容の理解度の確認、向上

　適用の狙いは、第 2 段階の講義内容について現場の問題・事例をテーマに取り扱い、どの程度理解したか質問、事例研究等による討議を通じて、理解度を確認する、ないしは、さらに理解度を深める段階である。

（具体例）

　技能の習得であれば習慣的にできるまで実際にやらせて習得させる。また、知識の習得であれば、討議のテーマを与えて討議させ、討議の過程で習得したことを確認する。もちろん、誤った手順や不十分な理解があれば修正しなければならない。この段階で、もし不十分なところがあれば追指導を考える。

- 第 4 段階「確認」または教えた後を見る　⇒まとめとともに、実施事項の整理・確認

　確認の狙いは、講義内容のまとめとともに、精神論（例えば「この教育は重要です」「○○担当者の責任は重要です」）にとどまらず、教育目標（自職場の問題解決）を達成するために、受講者が職場にもどり具体的に「やるべき事柄と手段」について明確にすることが大事である。

（具体例）

　技能の習得であれば、実際に作業について仕事の出来栄えはどうかを見る。知識の習得であれば、報告書や記録のつけ方などで正しく理解しているかを確認する。

　この段階で、もし不十分なところがあれば追指導を考える。

② 　教材の策定（ビジュアル化）について

　昔から「百聞は一見に如かず」の諺どおり、見ることによる理解度は、聴くことより数段高い。したがって、教育においてもビジュアル化による、視覚に訴えた情報伝達は欠かすことができない。

　講義に当たり、様々な教材をビジュアル化する。

③ 　プレゼンテーション技術等について

　講義中の講師の振る舞い（態度・アイコンタクト）、教材のビジュアル化、質問への対処の仕方は、講師のプレゼンテーション技術として極めて重要であり、かつ教育効果への影響が大きい。講師として磨き伸ばしたい技術である。

指導案（例）

1. 教 科 目　保護帽
2. 目　　標　保護帽に関する知識を理解させたのち、正しい着用のしかたを習得させる。
3. 時　　期　現場配置直後
4. 対　　象　新入社員（高卒男子）10 人〜 15 人
5. 場　　所　現場または実習室
6. 所要時間　30 分〜 45 分
7. 教　　材　保護帽、カタログ、社内規定、テキスト、質問例と回答の要旨
8. 教　　具　プレゼンテーション用ソフト

指導段階	教育の要点	教育方法	教材・教具	教育時間
1. 導入	1.1　保護帽の必要性 　（1）作業帽との違い 　（2）災害事例 1.2　保護帽に関する法規、社内規定の概要	1.1　口頭説明とプレゼンテーション用ソフト等 1.2　社内規定の配布	1. カタログ 2. 現物 3. 社内規定 4. プレゼンテーション用ソフト等	5 分
2. 提示	2.1　保護帽の種類・構造・機能 2.2　保護帽の材質・強度・耐久性 2.3　保護帽の各部の名称 2.4　点検のしかた 　（1）帽体　（2）内装　（3）あごひも 2.5　社内規定の詳細 　（1）貸与　（2）保管　（3）交換 　（4）着用の義務（業務、時間、場所）	2.1 〜 2.4 　現物やプレゼンテーション用ソフト等による説明 2.5　講義	1. 現物 2. プレゼンテーション用ソフト等 3. 社内規定	10 分 〜 15 分
3. 適用 （実演） （実習）	3.1　保護帽の着用のしかた 　（1）良い例　（2）悪い例 3.2　質問をして重要な点をまとめる 　（1）なぜ保護帽が必要か。 　（2）帽体に傷がついたらどうするか。 　（3）緩衝材がはずれたらどうするか。 　（4）帽体と頭の間隔は、どのくらいがよいか。 　（5）帽体に穴をあけたり、色を塗ってよいか。	3.1　実演してみせたのち、全員に着用させる。 3.2　質問の方法 　（1）全体質問 　（2）指名質問 　（3）リレー式質問	1. 現物 2. 質問例と回答の要旨	10 分 〜 20 分
4. 確認	4.1　質問を受けて、疑問点を解決する。 4.2　今後実践すべきことおよび心構えを強調する。 　（1）完全なものを正しく確実に着用すること。 　（2）いつも清潔に保持し、取り扱いは丁寧に。 　（3）損傷したり、不具合のときは、直ちに申し出て、完全なものと取り替えてもらうこと。	4.1　ときには、投げ返し質問をする。 4.2　板書したのち記録させること。		5 分

(6) 評価・改善

　最初に示したように、教育の目的は指導・教育することによって相手を「育てる」ことである。教育によって相手がどのように変わったかを確認することが「教育の評価」である。

　したがって、評価の方法は教える内容によって異なる。たとえば技能を教える場合であれば、実際に作業をやらせてみて出来栄えを見ることで評価できるし、知識教育であれば、ペーパーテストによってどの程度理解したかを知ることができる。

　しかし、態度教育のような場合はどのような評価方法が適当だろうか。このような場合に一般的に使われる評価方法はアンケートをとる、レポートを提出させるなどのほか、実際の作業現場でどのように作業態度が変わったかを観察する方法がとられる。

　このような方法を組み合わせて最適な評価方法をとるが、指導・教育によってこれだけの効果があったと定量的に説明できるものが得られれば、教える側、教わる側双方にとって今後の励みになり、お互いに向上心を高めることができる。

3　OJT　〜技能習得を中心に〜

　OJT（On the Job Training）とは、特定の個人やグループについて、現場の作業の中で、個別に指導を強化するもので、あらゆる機会を捉えて指導することで成果を上げ、人間関係も良くすることができる。

(1) OJT の特徴

　その特徴を**表 2-1-5** に示す。また、OJT の訓練期間は、状況に応じて柔軟に対応することが望ましい。

表 2-1-5　OJT の特徴

・日常的に機会を捉えて指導できる
・個人の仕事に応じた指導ができる
・教育効果を把握しやすい
・個人の能力を踏まえ指導できる
・成績の向上に直結する

（2）OJT の機会

OJT の機会を、**表 2-1-6** に示す。

表 2-1-6　OJT の機会

- 始業時、仕事の変わり目
- 時間に余裕ができたとき（手待ちなど）
- 指示を与えるとき、報告を受けるとき
- 職場会議や小集団活動のとき
- 仕事について質問してきたとき
- 一緒に仕事をするとき

OJT は、作業手順に沿って、急所をしっかりと理解してもらうことがコツであり、できるまで何度も繰り返し教える。叱りつけるよりも褒めることが肝要である。

指導・教育に当たり欠かせない「教えるときの 8 原則」を**表 2-1-7** に示す。この 8 原則は、知識、技能、態度教育においても重要な原則である。

なお、態度教育については、第 2 章「監督・指示の方法」の 4「良い人間関係の形成とコミュニケーション能力の向上」で述べる。

表 2-1-7　教えるときの 8 原則

——教えるときの心構え 3 原則——

1　相手の立場に立って

　①　教育の目的は、相手を「育てる」ことにある。

　②　相手のレベルに応じて教育内容や進め方を変える必要がある。

2　やさしいことから、難しいことへ

　①　最初から難しい話をすると、相手は理解できずに学ぶことを投げ出してしまう。

　②　相手が理解し納得したことを確かめながら、だんだんとレベルの高い内容に進んでいくのがよい。

3　動機づけを大切に

　①　自分から学びたい気持ちになることが一番大切である。

　②　押しつけや無理やりやらされていると感じたときは、受け入れてくれない。

——教え方の 3 原則——

4　一時に一事を

　①　一度に多くのことを覚えることはなかなか難しい。

　②　あれやこれやと欲張るよりは、ポイントを絞ってじっくり教えたほうが効果が上がる。

5　反復して

　①　繰り返して強調することで、教えたことをしっかり頭に叩き込むことができる。

　②　同じ言葉を繰り返すよりは「手を変え品を変え」という具合に、いろいろな方角からみせるほうが効果が上がる。

6　身近な事例で強い印象を与えるように

　①　身近な災害事例やヒヤリ・ハット事例は、強い印象を受けて理解しやすく記憶に残る。

——効果的な教え方のポイント 2 原則——

7　急所の理由をいって

　①　「成否、安全、やりやすく」という急所は、「なぜ」それが急所かという急所の理由を理解すれば、二度と忘れないし実行される。

8　体験させ五感を働かせて

　①　体験することは最も印象を強くする手段である。

　②　「聞くだけ」では 90％ 忘れてしまうといわれる。五感をフルに働かせて、記憶に残る教え方をする。

●まとめと討議テーマ●

●まとめ

① 指導・教育の目的は、部下を育て、職場の状態を良い方向に変えることである。

② 効果的な指導・教育を進めるためには、6 つの手順に従って進めなければならない（必要性の把握－目的・目標の明確化－計画立案－準備－教育実施－評価・改善）。

③ 指導・教育は、目的別に 3 つに分類できる。

- 知識教育（知らないことを解決）
- 技能教育（できないことを解決）
- 態度教育（やる気の無さを解決）

④ 教え方の 4 段階法、教えるときの 8 原則をよく理解して実行すれば、良い教え方ができる。

●討議テーマ

① 今、職場で一番必要とする教育のテーマは、どんなものがあるか。

② 職場でどんな体系的な教育計画を立てたらよいか。

③ 自分も含め職長は、現場の指導に対して「良い講師」としての資質を持っているか、どんな点が不十分だったか、これからどんな教育や訓練を受けたらよいか。

④ これまで、教育した後で評価をしてきたか。今後、どんな評価をしたらよいか。

⑤ 教育を受ける人の立場に立って、必要性やその教育の重要性を説明してきたか。これから実施を計画している教育について、どんな動機づけをしたらよいか。

⑥ これまで実施した教育の中で、4 段階、8 原則について自己評価し、共通の弱点と対策について検討する。

第2章 監督・指示の方法

この章で学ぶこと

　職長の仕事における監督・指示のあり方は、安全衛生の確保に当たり重要なポイントである。準備作業、本作業、後始末作業という仕事の流れの中で、正しい指示とはどのようなものか、作業中の監督はどのようにすればよいか、そのための人間関係をどのようにつくり上げるかを学ぶ。

　職長の職務は、「人」、「物」および「作業」を適切に管理して、作業者の安全衛生を確保しつつ、定められた期限内に、定められた品質のものを、定められたコストで生産を行うことである。そのために、自分に与えられた権限と資源を最大限に活用することが必要である。

　そのためには、現場を監督する者としての能力を身につけなければならない。これを「監督力」といい、次のようなものである。

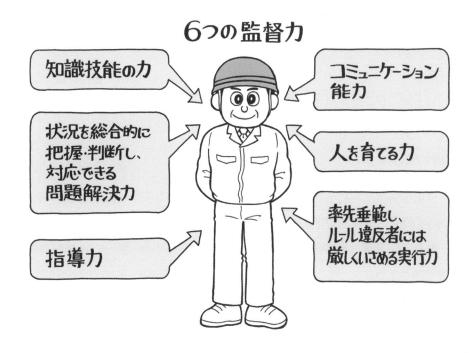

6つの監督力

- 知識技能の力
- コミュニケーション能力
- 状況を総合的に把握・判断し、対応できる問題解決力
- 人を育てる力
- 指導力
- 率先垂範し、ルール違反者には厳しくいさめる実行力

　次に、監督業務の中で、これらの監督力をどのように発揮するかを作業の流れの中で考えてみよう。

1　日常業務における監督力の発揮

日常業務は、次の3段階で作業が進められる。

（1）準備作業段階（段取り8分）

① 作業計画、作業指示書などに基づいて、リスクアセスメントを実施し、適切な対策の検討後、どのように作業を進めるかを計画する。準備する段階である。

② 計画に基づいて作業者の配置、機器工具や材料の準備、必要な指示、連絡などをぬかりなく進める。

③ 朝礼または始礼の場で、前日の反省と当日の作業の指示、連絡、健康確認などを行う。

④ 現場では、ツール・ボックス・ミーティング（TBM）、KYミーティングによって作業の危険回避の手段を明らかにしてから、作業開始を指示し、設備機械の点検から始める。

（2）本作業段階

① 作業中は適宜現場をパトロールし、指示どおりに作業が行われているか（作業手順を守って安全に行われているか、進み具合は予定どおりか等）を確認し、必要があれば是正のための指示、指導を行う。

② パトロール中に不安全行動・不安全状態を発見した場合は、直ちにその場で是正しなければならない。

（3）後始末作業

① 作業の終了に当たっては、仕上がり具合、作業後の整理・整頓状況、作業者、設備等の異常の有無を直接調べ、点検記録などの報告書類に目を通し報告を聞く。

② 終礼で、全員にその日の結果のまとめと反省を行い、翌日の仕事の計画と配員を指示する。

③ 職長は上司への報告や関係先との連絡等を行い、翌日の作業計画と準備にとりかかる。

2 監督体制の整備

　職長の業務は、基本的に「計画（Plan）→実施（Do）→チェック（Check）→改善（Act)」（以下、PDCA という。）の管理サイクルに従い進めるものである。といっても、職長がすべての業務を一人で行うことはできない。したがって、業務量を考慮し、監督代行者を立てるか否か検討するとともに、組織の一人ひとりに役割分担を与え、権限と責任を決め実行する。これが「監督体制の整備」である。監督体制の整備・実行は、作業者の労働能力を最大限に活用するとともに、部下の能力向上を期待することができる。

　しかし、権限を委譲したからといって責任が部下に移るわけではない。その仕事全体の責任は、あくまで職長にあることを忘れてはならない。

　また、権限を委譲した場合は必ず直接報告させて、結果のチェックと部下の努力に対するねぎらいの言葉をかけることを忘れてはならない。

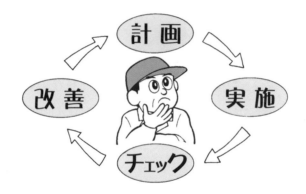

3 指示の仕方

　職長が作業者に指示しても、期待どおりの結果が得られない場合がある。その原因を調べると指示の仕方が不十分であったことが少なくない。そこで、職長は指示の仕方の原則を心得ておく必要がある。

（1）指示の原則

①　指示とはなにか、その目的を考えて指示する。

　　指示とは、仕事の割り当てや注意事項のことである（禁止事項を含む。）。

　　指示は動機づけ、すなわち相手にやる気を起こさせるためのものである。し

たがって、指示の内容は、相手が納得できるものであることが大切である。指示の内容と相手によっては、時・場所の選定や言葉の使い方、態度に配慮する。

②　相手の能力を把握して指示する。

相手に理解されなければ指示は届かない。能力に合わせた指示の仕方と内容を考える。内容は、努力目標として与えるとやる気に結びつく。

③　具体的でわかりやすく。

5W1Hを活用する。なぜ、誰が（誰に）、いつ、どこで、何を、どのようにするのかを１つずつ押さえていく。作業手順書の急所の活用も考える。

正確さ、緻密さが求められること、安全上特に重要なポイントなどは、相手にメモをとらせて忘れないようにすることが大切である。

④　「朝令暮改」的な指示はしない。

一度指示したことは、作業が完了するまで変更しないことが原則である。しかし、何らかのやむを得ない事情によって変更せざるを得ない場合は、作業を中止して関係者にそのやむを得ない事情、変更の理由と変更後の計画を説明して、納得させた上で新しい指示を出す。

⑤　相手がどのように指示を理解したかを確認する。

指示が徹底しなかった理由の１つに理解の不十分がある。指示を与えながら相手の表情から理解の程度を読み取り、不十分らしいと感じたら質問したり復唱させて確かめることが必要である。

このような原則を踏まえて指示をすることで、徹底を期することができる。

(2) 指示のあり方に伴う問題が発生した時の対応

それでも問題が発生した場合は、次のような問題がないかチェックする。

①　相手の能力の問題　　ア　やり方を知らない。

　　　　　　　　　　　　イ　技能的にできない。

　　　　　　　　　　　　ウ　十分な時間がない。

　　　　　　　　　　　　エ　相手の力ではどうにも

　　　　　　　　　　　　　　ならない問題がある。

②　態度、価値観の問題　ア　つまらない、おもしろ

　　　　　　　　　　　　　　くないのでやる気がない。

　　　　　　　　　　　　　イ　自分の方が正しいと思っている。

　　　　　　　　　　　　　ウ　それがそんなに悪いこととは思っていない。

　　　　　　　　　　　　　エ　自分では指示どおりにやっていると思っている。

③　管理のまずさ　　　　ア　自分だけがムリな仕事をやらされていると思って
　　　　　　　　　　　　　　　いる。

　　　　　　　　　　　　　イ　人間関係がうまくいっていない（一緒にやりたく
　　　　　　　　　　　　　　　ない、組織に反発しているなど）。

④　個人的な問題　　　　ア　心配事がある。

　　　　　　　　　　　　　イ　非常に疲れている、健康上の問題がある。

　これらの問題は日頃からよく観察して、なぜそうなっているか原因をよく確かめてから対応を考えることが大切である。良い人間関係をつくり上げることは、職長の責任でもあり、能力の発揮の場でもある。「この職長のためなら」と進んで困難な仕事を引き受けてくれるような部下がいれば、その職長は高く評価されるし、職場は明るくなる。

4　良い人間関係の形成とコミュニケーション能力の向上

　職長は、作業者の協力を得て、はじめて職場の目標を達成することができる。そのためには、職場の一人ひとりと良い人間関係をつくることが必要である。

　人間関係の基本は、職場の一人ひとりを一人の人間として認めることにある。

　その具体的な事項は、次のとおりである。

①　十人十色というように、一人ひとりみな違うことを認める。

②　個人ごとの特性を知ることが必要であるが、その特性を批判したり評価したりしないで、一人の人間として敬意を払い、公平に扱うよう心がける。

③　意見や考え方の対立があった場合は、どこに対立点があるかを明らかにした上で協調できる解決策を見つけるよう努力する。

④　良い人間関係をつくるために「傾聴」に努める。

⑤　対話、話し合いをグループづくりの基本とし、コミュニケーション技法の習得に努める。

⑥　褒め方、叱り方の原則を理解して指導する。

　このうち、褒め方、叱り方の原則とコミュニケーション技法の習得は、人間関係の形成に大きく影響するので、詳しく述べる。

（1）褒め方、叱り方の原則

　「褒める」のも「叱る」のも相手の成長を願ってすることであることを忘れないように、誠意をもってすれば、相手にも理解されると思って、職長は、自信を持って部下と向き合い実施してほしい。

［褒めるときの原則］
　①　目標を努力して達成したときのような、具体的な内容で褒める。
　②　良いときはすぐ褒める。以心伝心を過信しないように。
　③　真心を持って褒める。相手にゴマをするような態度は決してしない。
　④　褒めるときはみんなの前で。
　⑤　言葉ばかりでなく社内の表彰制度を活用することを考える。

［叱るときの原則］
　①　叱るときは１対１で。
　②　「叱る」と「怒る」は似ているようで、まったく異なることを理解する。
　③　「叱る」は相手の成長のために、「怒る」は自分の腹の虫を治めるために。
　④　叱らなければならないときは、真剣に誠意を持って。
　⑤　指導育成を目標にし、相手を失望させないように言葉を選んで。
　⑥　冷静に、場所を選んで叱る。

（2）コミュニケーション技法の習得

　部下との良好なコミュニケーションを進めるには、「部下に説明し、話を聴き、最後に、いかに部下を支援・指導するか」の３つの要素が必要である。
　第１に、いかに、部下に説明するか
　　　仕事の内容について、「納得と共感」を得る努力が求められる。
　第２に、いかに、部下の話を聴くか
　　　部下の話を聴くには、「真意」は何かをつかむ努力が求められ、傾聴法（相手の立場に立ち共感しながら話を聴く技法）の習得が求められる。
　第３に、いかに、部下の支援・指導をするか
　　　部下の支援・指導の段階では、これまでは、上司による「指示、命令」による指導が一般的であったことは否めない。指示、命令を中心とした指導は、「やらされ感」が生まれる傾向が強くなる。部下が、自主的に考え、自らやるべき

ことを見つける、あるいは気づかせることを目指した指導が必要となる。具体的には、職長が、部下に「有効な質問を投げかける」ことにより、本人が答えを見つけることを期待する。

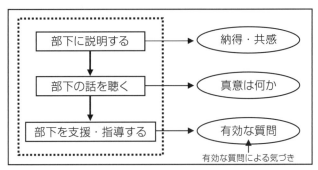

コミュニケーションに必要な3つの要素とポイント

5 リーダーシップ能力の向上（⇒仕事の「目的－目標－手段」の明確化）

グループをまとめリーダーとして力を発揮することをリーダーシップという。これは、外から与えられた地位や権力があれば、ひとりでに備わるものではない。そのグループの部下が、リーダーと認めて、従おうとする気持ちが強いときに、はじめてリーダーシップが成立する。

また、部下がリーダーとして認めているということは、好かれていることとは違う。リーダーシップをとろうとする動機や行動によって、はじめて、その人の持つ地位が、有効に発揮され部下の納得が得られる。

このように、職場の目標達成に向かって全員のやる気をもり立てること、さらに、作業者が自発的に自分の作業の完遂に積極的に取り組めるような状況をつくり出すことがリーダーシップである。

表2-2-1　リーダーシップを生み出す行動と動機づけ

① 方針、目標を示す。
② 何が重要か、自分の考えをはっきりした態度で示す。
③ 全員の役割分担と責任、権限を明確にする。
④ 解決を要する問題に集中し、果敢に解決に向けて努力する。
⑤ 部下全員の参加を求め、一人ひとりの貢献を認め、賞を与え、激励する。
⑥ 成果に対し感謝の気持ちを表し、チームの成功を全員で分かち合う。
⑦ 問題解決には部下と一緒に取り組み、建設的な意見を述べる。
⑧ 自信を持って自己を主張し、粘り強く交渉して相手を動かす。

　職長が、日々の業務において、リーダーシップのある行動を示すには、職長自身が自分の仕事について、どれだけ「目的－目標－手段」の関係を十分に考え、理解しているか否かにかかっている。この関係が曖昧であれば、リーダーシップのある行動をとることは、極めて困難といえる。

　特に、部下のやる気の向上、動機づけにとって、**表2-2-1**に示す①②③の３点は、必須条件といえる。仕事の「目的－目標－手段」の整理は、先に述べた、部下とのコミュニケーションの向上にとっても欠かせない。

6　問題解決力の養成

　職長の大きな役割の１つが、日々職場に発生する問題の解決であろう。事故や災害の発生はもちろん、能率、品質、納期等に大きく影響するトラブルの発生、また、新しい品質要求への対応と、問題は、毎日波のように押し寄せてくる。これらの問題をどのようにして解決していけばよいのだろうか。その手順は、次のようなものである。

(1) 何が問題かを明らかにする

　問題は、はじめから姿を現してはくれない。まず、現象（何が起こっているか）から原因や背景（なぜそうなったか）を検討する。次に、原因や背景を言葉で表現して、互いの関係を線でつないでみる。

(2) 問題を分析する

　書き出した事柄を分析して、問題の本質をつかむ段階である。問題とは基準からズレた状態であるから、どんな基準とどのようにズレているかを言葉で書く。職長が安全衛生上の問題を解く場合は、職長教育の教育事項を参考にして考えると効果が上がる。

(3) 対策を考える

　経験や習慣は、対策を考える上で最も手近な道具である。しかし、いつもこの道具で解決できるとは限らない。そのような場合、「連想」は有力な手段である。形状や現象を表す言葉から連想して考える範囲を広げると、意外なものからヒントが得られることがある。このような想像力、直感を働かせるには、

① 問題の背景を知りつくす。

② かなりの時間、問題に集中する。

③ 息抜きをして、問題から目を転じる時間を持つ。

このような想像力、直感は、まったく何もない状態からは生まれない。日頃から、積極的に多方面に興味を持つことが必要である。

（4）対策を実施する

いくつかの対策を考えて、最良のものを選ぶことが必要である。それぞれの対策の長所、短所を表にして比較する。最低2つの案を選んで、関係者に説明し結論を出す。

職長は、いくつかの問題を身近な所において、常に考える習慣を身につけてほしい。

職場のパワーハラスメントについて

業務上必要かつ適正な範囲を超えて、精神的・身体的苦痛を与える行為はパワーハラスメントとなります。パワーハラスメントとは、職場において行われる、次の3つの要素を全て満たすものと定義されています。

① 優越的な関係を背景とした言動

② 業務上必要かつ相当な範囲を超えたもの

③ 労働者の就業環境が害されるもの

日頃の業務のあり方や指導の際の言い方には注意を払いましょう。

（厚生労働省資料より）

●まとめと討議テーマ●

●まとめ

① 職長が仕事をうまく進めるために、「6 つの監督力」が必要である。

特に、正しいやり方で、正しい指示を、的確に相手に伝え、実行させるためには、指示の仕方を理解して実行することが必要である。

② 風通しのよい職場をつくるには、人間関係をよい状態に保ち、リーダーシップを発揮するための努力を惜しんではならない。

③ 仕事の方針、目標をはっきり示し、役割分担と責任、権限を明確にすることにより、部下のやる気を向上させ、動機づけを図ることが必要である。

●討議テーマ

① 指示が徹底しなかった例を挙げて、その原因と対策を考える。

② なかなか現場に出る時間がとれないが、どのようにしたら監督・指示の力を発揮できるか。

③ 職場の人間関係は良いといえるか。もし問題があるとしたら、それはどんなことで、何が原因か、良くするにはどうしたらよいか。

④ リーダーシップが発揮できていないとしたら、どこに問題があるか。リーダーシップの具体的な内容でチェックしたら、どこが欠けているか。

⑤ 今、職場にある一番重大な問題は何か。問題解決の手順で対策を検討する。

⑥ 6 つの監督力（33 ページ）について、各自自己採点し、共通的な弱点について、その原因と対策を検討する。

適正配置

　人は自分の能力が認められ、それに見合った仕事を得たとき、大きな喜び
を感じる。一方、その能力が仕事が要求する条件を満たさないで作業するこ
とは労働災害に結びつくことがある。したがって、仕事が要求する条件と人
の持っている能力をうまく組み合わせることが必要となる（適正配置）。こ
こでは、適正配置を進める上で必要な基本的条件について学ぶ。

1 適正配置の重要性

（1）適正配置とは

　職長は、部下の作業者を通じて業務を遂行する。したがって、仕事の条件（以下
"作業の特性"という）に対して一人ひとりが持っている資格や業務歴、能力など
作業者の特性を生かすように配慮して、仕事が最も順調に進むように作業を割り当
てることが必要である。この作業の特性と作業者の特性の両面から最もよい条件を
考えて、仕事の割り当てをしていくことを「適正配置」という（**図 2-3-1**）。職長

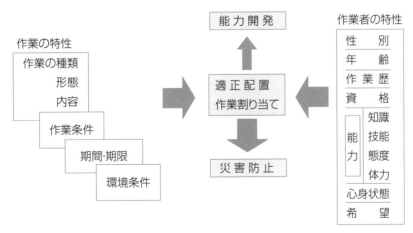

図 2-3-1　作業者の適正配置・作業の割当て

にとって適正配置は重要な職務となっている。

（2）適正配置の目的

　人は、仕事を通じて上司、同僚や家族から認められたい、尊敬されたいと思うし、自分の人生の目的や目標を達成したいという夢を持っている。したがって、自分の能力や希望にあった仕事に就いたときは、やりがいを感じ、その仕事をやり遂げることで達成感や成功感を味わうことができ、職場も活性化する。

　さらに、適正配置は、作業者一人ひとりの能力開発とやる気の育成に結びつくだけでなく、労働災害の防止にも寄与する。

　このように適正配置に努めることは、品質や能率の向上、事故災害の減少となって現れるため、人の扱い方、ローテーションなどとともに労務管理の重要な項目となっている。

　適正配置を進める上での留意事項は次のとおりである。

　①　技術革新によって職場の様相は大きく変わってきている。機械設備の自動化、大型化、複雑化、専門化などが進み、作業者が習得しなければならない知識、技能も高度化し、かつ専門化してきた。

　②　また、危険有害業務では、労働安全衛生法などによって、資格を持っている者でなければ就業できない作業が数多く定められている。

　③　職場の合理化が進み、一人ひとりの業務範囲が広くなり、一人でいくつもの資格を取得することも必要となってきている。

2　適正配置の考え方と進め方

（1）作業の特性の把握

　まず、作業の特性として、作業の種類（形態、内容）、作業条件、期間・期限、環境条件など作業が要求する条件と、どのような法的資格要件が必要かを知っておくことが必要である。法的な資格要件としては、労働安全衛生法などでは、

　①　免許を要する業務

　②　技能講習を受けて資格を取得する業務

　③　特別教育を受ける必要のある業務

　④　学歴と経験年数を要する業務

などがあり、労働基準法では、年少者や女性（妊産婦等）に対して深夜業や危険有害業務について制限が設けられている。

また、補修作業などでは高所、酸欠など危険な環境で溶接、玉掛けなどの作業が行われることがある。このような場合は、職長は作業計画の段階で作業環境、作業の危険有害性と必要な資格要件や教育実施について、管理者等とよく打ち合わせをして指示書に明記することが必要である。

表 2-3-1　作業の特性

作業の種類	形　態		定常作業か非定常作業か、危険・有害作業か 単独か共同作業か、静止監視作業か移動作業か 重筋労働作業か軽度の負荷か、持続的か単発か
	内容	質	重要度、緊急性、複雑性、難易度、技術水準
		量	製品や材料の数量、重量、大きさ
作業条件			作業時間、作業姿勢、作業強度、作業頻度、持続作業、 断続作業、時間外作業、休日作業、判断力や注意力を要する作業
期間・期限			長期か短期か、標準的な納期か特急の納期か
環境条件			気温、湿度、騒音、採光、照明 有害物、危険物、屋内か屋外か、高所作業か

（2）作業者の特性の把握

作業者の特性とは、作業の遂行に影響を及ぼす個人の資質のことであり、知識・技能・態度・体力といった能力に加え、作業歴・資格・心身状態等も含まれ、個人差が大きい。また特に身体機能については、年齢が高くなるに従って個人差が拡大する傾向がある。職長は、一人ひとりの作業者がどのような特性を持っているかを把握しておくことは、仕事の出来栄えや事故災害の防止に大きく関わってくるので、日頃から的確に把握して記録しておくことが必要である。

（3）個人面接

機械化や自動化が進んで、以前に比べて肉体労働は激減しているが、仕事や職業生活で「強い不安、悩み、ストレスがある」労働者の割合が約 82％ と高くなっている（「令和 4 年労働安全衛生調査」厚生労働省、98 ページ参照）。

前に述べたように、人は自分の能力が認められ、夢や希望を満たすような仕事に就いたときは、やりがいを感じ、その仕事をやり遂げることで達成感や成功感を味

わうことができる。それによって仕事に対するストレスを少なくすることができると考えられる。

　そこで職長は、作業者と個人面接の機会を設け、仕事上の悩みごとや人間関係の問題と同時に、その人の持っている夢や希望などを話し合うことが望ましい。

　この個人面接に当たって、特に留意しなければならない点を述べると、

①　信頼関係を基本にする。良い聴き手として相手の気持ちを受け入れ、理解しようとする態度を示すことによって心を開かせる。批判的な発言や強圧的な態度では、信頼関係は生まれない。

②　相手が7、こちらが3ぐらいの話の割合で、相手に対して傾聴の姿勢を持つ。

③　横道にそれても話の腰を折らない。相手の話をさえぎってこちらの意見を押しつけたりすれば、せっかく開いた心も閉ざされる。

④　第三者の批判や悪口は、やんわりと受け流し、深入りしない。

⑤　最後に、話してくれたことに感謝の気持ちを込めて礼を言い、話し合えてお互いに良かったという印象を与えるように心がける。

　なお、重要なことは個人情報の保護である。個人面接で知り得た秘密で上司に報告しなければならないことがあった場合は、本人の了解をとるべきである。

(4) 面接結果の活用

①　新入社員、配転者など現に就いている業務の経験の浅い者に災害発生のリスクの高いことが知られている。これらの者に対しては、まず面接をして個人情報をつかみ、法に基づく教育を実施する。特に配転者は、すでに多くの経験があり、画一的な教育ではムダが多いばかりか、すでに知っていることを繰り返して教えたりすると反発を招きかねない。面接によって業務歴などをよく確認

する必要がある。

②　作業者がすでに持っている資格や受けた教育・経験を活用するとともに、職場として必要であるが未充足のものについては、計画的に取得させる。これによって部下のやる気を育て、能力開発、人間形成に役立てることができる。

3　適正配置で考慮すべきこと

（1）高年齢者への配慮

　わが国は、急速に高齢社会に移行しつつあり、労働人口に占める高年齢労働者の割合もそれにあわせて増加してきている。総務省統計局が公表している労働力調査によると、令和4年の就業者数6,723万人のうち、55歳以上の就業者数は2,116万人と30%以上を占めている。このような中で、高年齢労働者は災害発生率が若年労働者に比べて高く、**図2-3-2**に示すように、年齢階層別の年千人率※は、50歳代では30歳代の1.5倍以上となっており、60歳以上ではさらに高くなっている。また、事故の型別では特に転倒、墜落・転落災害について50歳以上の労働者の占める割合が高いことがわかる（**図2-3-3**）。また高齢社会においては、高年齢労働者がその活力を失わずにその能力を十分に発揮することが必要であり、そのような職場をつくっていくことが、本人のためばかりでなく、社会全体の活力を維持していくために大切なことである（**表2-3-2**（49ページ））。

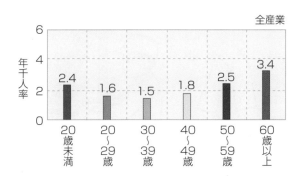

図2-3-2　年齢階層別死傷年千人率（休業4日以上）（令和4年）
（資料出所：「労働力調査」総務省統計局、「労働者死傷病報告」厚生労働省）

※年千人率…災害の発生状況を示す指標の1つで、事業場の労働者1,000人あたりに1年間に発生する死傷者数を示すものである。

$$年千人率＝\frac{1年間の死傷者数}{1年間の平均労働者数}×1,000$$

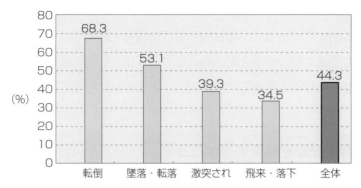

図 2-3-3　事故の型別 50 歳以上の労働者の占める割合（製造業、休業 4 日以上）
（資料出所：「労働災害原因要素の分析（平成 28 年製造業）」厚生労働省）

　高年齢労働者は、一般に、豊富な知識と経験を持っていること、判断力や統率力を備えていることが多い。一方、加齢に伴う心身機能の低下が現れているにもかかわらず、責任感や仕事を失うことへのおそれからムリをして、労働災害発生の原因をつくっていることも少なくない。

（巻末資料 207 ページ「向老者の心身機能の特性」参照）

表 2-3-2　高年齢労働者の災害防止

　高年齢労働者の災害を防止するためには、高年齢労働者の心身機能の低下や災害の要因分析の結果などから、次に示す作業については特に改善が必要である。
　①　墜落・転落のおそれのある高所での作業（はしご、脚立での作業を含む。）
　②　転倒のおそれのある作業
　③　重量物の取扱い作業
　④　急激な動作を必要とする作業
　⑤　不自然な作業姿勢（中腰作業、上向き作業等）
　⑥　複雑な作業
　⑦　低い照度下で視覚を要求される作業
　⑧　特に動作の速さと正確さが要求される作業
　⑨　微細なものの識別能力が要求される作業
　⑩　時間に追われる作業（ベルトコンベヤの流れ作業等）
これらの作業について、災害防止のための基本的な対策は次のとおりである。
　ア　墜落・転落防止
　　①　高所作業をできるだけ地上の作業に置き換える。
　　②　垂直はしごを階段に改善する。
　　③　階段をスロープに改善する。
　　④　高所作業台（高所作業車）を活用する。
　　⑤　作業床を設置する。
　イ　転倒防止
　　①　つまずきの原因となる凹凸をなくす。
　　②　作業床の滑り防止を徹底する。
　　③　ノンスリップ靴を着用する。
　ウ　重量物等取扱い方法の改善
　　①　手押し車等を活用する。
　　②　運搬用ロットを大きさ、重量の面から改善する。
　　③　持ち上げ、運搬に動力運搬機等を活用する。
　　④　バランサー等を活用する。
　エ　作業姿勢の改善
　　①　装置、作業台等の活用、作業点・作業方法の変更等により、前屈姿勢作業等を改善する。
　オ　視聴覚機能の補助等
　　①　照明を改善する。
　　②　作業指示書、図面等の表示を拡大し、簡素化する。
　　③　拡大鏡等を取り付ける。
　カ　高年齢労働者の知識・技能を生かす職務への配置
　　①　試作、開発部門で熟練技能者として知識・経験を生かす。
　キ　健康管理の充実
　　①　健康づくりを指導する。
　　②　朝礼などのミーティングの際に、一人ひとりの健康状態を把握してムリのない仕事につかせる。
　年齢が高くなるほど、筋力等の個人差が拡大するという現象が起こる。青年期から身体能力をトレーニングで維持強化することにより、健康で明るい老後を迎えることができるよう指導することが望まれる。

(2) 始業時の健康チェック

作業者の健康状態、既往症などを事前に把握しておくことは適正配置を行う上で重要である。しかし、人の健康状態は日々変化していくものであり、毎日の始業時の健康状況のチェックは安全上も極めて大切なことである。たとえば、若い人たちの夜更かしによる不調や、高血圧症状のある高年齢者などには、始業時の健康チェックによってその日の作業配置を検討する必要がある。

そのためには、まず、朝礼で挨拶を交わした後、健康観察 5 項目で様子を観察する。

健康観察5項目

	項　目	内　　　容
1	姿　勢	シャンと背筋は伸びているか
2	動　作	ダラダラしていないか
3	顔つき	表情が生き生きしているか
4	目の色	充血していないか
5	会　話	声の張りがあるか

この 5 項目について日頃の様子と何か違ったところがみえたら、健康問いかけ 10 項目で直接確認する。

健康問いかけ10項目

1	よく眠れたか
2	朝食は食べたか
3	熱はないか
4	腹具合はどうか
5	吐き気はないか
6	立ちくらみや目まいはないか
7	いつもの薬は飲んだか（降圧剤など）
8	（異常を訴えた人に）医者に行ったか
9	心配事があるか
10	（高血圧の人に）血圧に異常はないか

健康問題は個人のプライバシーに関わる場合があるので、デリケートな問題については、朝礼という場でなく個別に聞くことも必要である。

　このような問いかけは朝礼だけでなく、午後の作業にかかる場合や、仕事を終えて帰ってきた場合などにもこまめに実施することによって、異常を早く発見でき、対応を早くしてトラブルを最小に押さえることができる。

（3）障害※などを有する人への配慮

　職長は作業者の最も身近にいるものとして、作業者が配置された職場でムリなく仕事をこなしているかなど、健康と仕事への適応をきめ細かく観察することが大切である。

　傷病による療養後の職場復帰者や健康上問題があるなど、労働能力に何らかのハンディキャップを持つ人の就業に関しては、それらの人たちの就業をサポートするための作業環境、作業条件、作業施設等の改善に努める必要がある。

　これまで述べてきたとおり、作業者の適正配置にあたってはさまざまな要件があるが、作業者の特性の中でも特に把握しておくべき重要な要件は**表 2-3-3** に示す４点である。

表 2-3-3　作業者の特性の中で、特に把握しておくべき４つの要件

要　　件	実　施　事　項
1．法 的 資 格 要 件	作業者の資格取得状況の把握 女性や妊産婦、および年少者等への就労制限の把握
2．知識・技能要件	作業者の知識・技能の十分な把握
3．態　度　要　件	作業者のやる気、モチベーションの把握
4．健　康　要　件	作業者の健康状態および既往症の的確な把握

※　ここでは法律の表記に合わせ「障害」としているが、自治体や民間企業などでは、「障がい」等と表記している場合もある。

●まとめと討議テーマ●

●まとめ

① 仕事が要求する条件と作業者の持つ能力を常に把握する。

② 仕事上必要な資格、教育受講などの条件を満たすように教育計画を立てる。

③ 作業者の健康状況は変わりやすいものである。その時々の状況把握に心がける。

④ 高年齢者、新人や障害を有する人達には、その条件にあった仕事が安全にできるよう配慮する。

●討議テーマ

① 作業指示書に資格が必要な作業がはっきり書いてあるか確認する。

② 現場をみて高年齢者が働きやすい職場になっているか確認する。

③ 健康チェックをもっと効果的にやるには、何を改善すればよいか。

④ 高年齢者の個々の心身機能を踏まえた上で、経験や能力を仕事の中で生かすにはどうすればよいか。

⑤ 健康観察５項目、健康問いかけ10項目について実施されているか否か、自己採点し、共通の弱点についてその問題点と対策を検討する。

（参考）労働安全衛生法に基づく資格等の概要

（注）法…労働安全衛生法
則…労働安全衛生規則

資格区分		対象業務または免許・資格・教育等の名称
免　許 法第 72 条 則第 62 条 69 条	衛生管理者 ・ 作業主任者	第 1 種衛生管理者免許　　第 2 種衛生管理者免許　　高圧室内作業主任者免許　　ガス溶接作業主任者免許　　林業架線作業主任者免許　　エックス線作業主任者免許　　ガンマ線透過写真撮影作業主任者免許　　特定第 1 種圧力容器取扱作業主任者免許[*1]　　衛生工学衛生管理者免許[*2]
	就業制限業務 に係る資格等	特級ボイラー技士免許　　1 級ボイラー技士免許　　2 級ボイラー技士免許　　発破技士免許　　揚貨装置運転士免許　　特別ボイラー溶接士免許　　普通ボイラー溶接士免許　　ボイラー整備士免許　　クレーン・デリック運転士免許　　移動式クレーン運転士免許　　潜水士免許
技能講習 法第 76 条 則第 79 条	作業主任者	木材加工用機械作業主任者　　プレス機械作業主任者　　乾燥設備作業主任者　　コンクリート破砕器作業主任者　　地山の掘削作業主任者（地山の掘削及び土止め支保工作業主任者技能講習）　　土止め支保工作業主任者（地山の掘削及び土止め支保工作業主任者技能講習）　　ずい道等の掘削等作業主任者　　ずい道等の覆工作業主任者　　型枠支保工の組立て等作業主任者　　足場の組立て等作業主任者　　建築物等の鉄骨の組立て等作業主任者　　鋼橋架設等作業主任者　　コンクリート造の工作物の解体等作業主任者　　コンクリート橋架設等作業主任者　　採石のための掘削作業主任者　　はい作業主任者　　船内荷役作業主任者　　木造建築物の組立て等作業主任者　　第一種圧力容器取扱作業主任者（化学設備関係第一種圧力容器取扱作業主任者技能講習、普通第一種圧力容器取扱作業主任者技能講習）　　特定化学物質作業主任者（特定化学物質及び四アルキル鉛等作業主任者技能講習）　　鉛作業主任者　　四アルキル鉛等作業主任者（特定化学物質及び四アルキル鉛等作業主任者技能講習）　　有機溶剤作業主任者　　酸素欠乏危険作業主任者（酸素欠乏危険作業主任者技能講習又は酸素欠乏・硫化水素危険作業主任者技能講習）　　石綿作業主任者　　金属アーク溶接等作業主任者限定[*3]
	就業制限業務 に係る資格等	床上操作式クレーン運転技能講習　　小型移動式クレーン運転技能講習　　ガス溶接技能講習　　フォークリフト運転技能講習　　ショベルローダー等運転技能講習　　車両系建設機械（整地・運搬・積込み用及び掘削用）運転技能講習　　車両系建設機械（解体用）運転技能講習　　車両系建設機械（基礎工事用）運転技能講習　　不整地運搬車運転技能講習　　高所作業車運転技能講習　　玉掛け技能講習　　ボイラー取扱技能講習

資格区分	対象業務または免許・資格・教育等の名称
特別教育 法第59条 則第36条	研削といしの取替え等の業務　　　動力プレス等の金型等の取付け等の業務 アーク溶接等の業務　　　高圧・低圧電気取扱いの業務 電気自動車等の整備の業務 最大荷重1t未満のフォークリフトの運転の業務 最大荷重1t未満のショベルローダー等の運転の業務 最大積載量1t未満の不整地運搬車の運転の業務 制限荷重5t未満の揚貨装置の運転の業務　　　伐木等機械の運転の業務 走行集材機械の運転　　　機械集材装置の運転の業務 簡易架線集材装置の運転の業務 チェーンソーを用いて行う立木の伐木等の業務 機体重量3t未満の建設機械（整地・運搬・積込み用、掘削用、基礎工事用、解体用）（自走できるもの）の運転の業務 基礎工事用機械（自走できるもの以外）の運転の業務 基礎工事用機械（自走できるもの）の作業装置の操作の業務 締固め用機械（自走できるもの）の運転の業務 コンクリート打設用機械の作業装置の操作の業務 ボーリングマシンの運転の業務 ジャッキ式つり上げ機械の調整又は運転の業務 作業床の高さ10m未満の高所作業車の運転の業務　　　巻上げ機の運転の業務 軌道装置の動力車等の運転の業務　　　小型ボイラーの取扱いの業務 つり上げ荷重5t未満のクレーン・5t以上の跨線テルハの運転の業務 つり上げ荷重1t未満の移動式クレーンの運転の業務 つり上げ荷重5t未満のデリックの運転の業務　　　建設用リフトの運転の業務 つり上げ荷重1t未満のクレーン等の玉掛けの業務　　　ゴンドラの操作の業務 作業室・気こう室へ送気するための空気圧縮機の運転の業務 高圧室内作業の作業室への送気の調節のバルブ又はコックの操作の業務 気こう室への送気又は排気の調整のバルブ又はコックの操作の業務 潜水作業者への送気の調節のバルブ又はコックの操作の業務 再圧室の操作の業務　　　高圧室内作業の業務　　　四アルキル鉛等の業務 酸素欠乏危険場所での作業に係る業務　　　特殊化学設備の取扱い等の業務 エックス線・ガンマ線装置による透過写真撮影の業務 加工施設等において核燃料物質等を取扱う業務 原子炉施設において核燃料物質等を取扱う業務　　　事故由来物質（東北地方太平洋沖地震に伴う原子力発電所の事故により当該発電所から放出された放射性物質）より汚染された物の処分の業務 電離則に定める特例緊急作業に係る業務　　　特定粉じん作業の業務 ずい道等の掘削作業等の業務 産業用ロボットの教示等に係る機器の操作の業務 産業用ロボットの検査等に係る機器の操作の業務 自動車用タイヤの空気充てんの業務

資格区分	対象業務または免許・資格・教育等の名称
	廃棄物焼却施設のばいじん及び燃え殻を取扱う業務
	廃棄物焼却施設の設備の保守点検等の業務
	廃棄物焼却施設の設備の解体等の業務
	石綿等が使用されている建築物又は工作物等の解体等の作業に係る業務
	除染等業務と特定線量下業務
	足場の組立て等に係る業務
	ロープ高所作業に係る業務
	墜落制止用器具を用いて行う作業に係る業務
	テールゲートリフターの操作の業務[*4]
学歴および経験	安全衛生推進者等（法第 12 条の 2）[*5]
	元方安全衛生管理者（法第 15 条の 2、則第 18 条の 4）
学歴、経験および研修	安全管理者（法第 11 条、則第 5 条）
	次に掲げる機械の特定自主検査業務
	動力プレス（則第 135 条の 3）
	フォークリフト（則第 151 条の 24）
	車両系建設機械（則第 169 条の 2）
	不整地運搬車（則第 151 条の 56）
	高所作業車（則第 194 条の 26）
	建設工事の計画届に係る資格（法第 88 条第 4 項）
	化学物質管理者（則第 12 条の 5）[*6]
	保護具着用管理責任者（則第 12 条の 6）[*6]

*1　特定第 1 種圧力容器取扱作業主任者免許は、次の者が受けることができる（安衛則別表第 4 およびボイラー則第 119 条第 1 項）。
　・電気事業法第 44 条第 1 項第 6 号の第 1 種ボイラー・タービン主任技術者免状または同項第 7 号の第 2 種ボイラー・タービン主任技術者免状の交付を受けている者
　・高圧ガス保安法第 29 条第 1 項の製造保安責任者免状または販売主任者免状の交付を受けている者
　・ガス事業法第 32 条第 1 項のガス主任技術者免状の交付を受けている者
*2　衛生工学衛生管理者免許は、理工系の大学または高等専門学校卒業者、第 1 種衛生管理者免許試験合格者など一定の資格を有する者が厚生労働大臣の定める講習を修了した場合に受けることができる。
*3　令和 6 年 1 月 1 日より施行。
*4　令和 6 年 2 月 1 日より施行。
*5　安全衛生推進者等養成講習を修了した者からも選任することができる。
*6　令和 6 年 4 月 1 日より施行。

第4章 設備の改善

この章で学ぶこと

　職場の安全衛生の確保に当たり、第 11 章で解説するリスクアセスメントに基づきリスクを低減させるための措置を検討する際は、設備の本質安全化を第一に考えることが重要である。作業設備の安全化についての基本的な考え方と、本質安全化とはどのようなものかを理解し、作業設備による災害の防止について学ぶ。

1 作業設備の安全化について

（1）基本的考え方

　作業設備（機械、器具、道具、工具、仮設物、建築物など）は、完成してしまうと後から安全上の問題が出てきても直すことは容易ではない。また、直すことができても十分な対処ができない場合が少なくない。

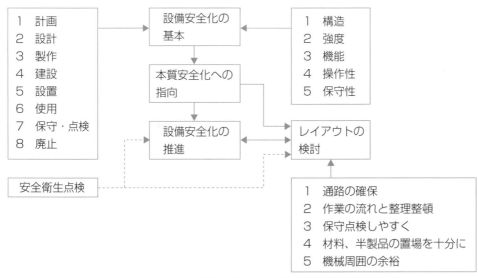

図 2-4-1　設備の安全化を考える系統図

（2）リスクアセスメント対応

　作業設備のリスクアセスメントをユーザー側で実施するにあたっては、特に、メーカー側で提供する作業設備対策を講じた後に存在する残留リスクの内容とその対処法についての「使用上の情報」等の必要な情報を、十分理解した上で行わなければならない。

2　安全な設備としての条件

　安全な作業設備は、次のような条件を備えることが必要である。

（1）外観からみた安全性

　作業者が触れる可能性のある所に、鋭利な角やバリがないか、露出した回転部分はないかなど外観の安全性を調べる。

（2）強度からみた安全性

　各部分や材料は十分な安全率をとっているか。特に破損すると大きな危険を生じるような部品によく注意すること。

（3）機能・システムからみた安全性

　その作業設備に課せられた機能を果たすときに、作業者が危険にさらされるようなことはないか。試運転のときには特に注意すること。

（4）操作からみた安全性

　作業するときにムリな姿勢や力を入れる必要はないか、また、操作方法を単純にするなど誤操作を起こさないような配慮がされているか。

（5）保守からみた安全性

　点検、注油、部品の交換や補修などが、安全にやりやすい構造になっているか。

（6）レイアウト・動線からみた安全性

　完成した後でレイアウトを変えることは困難である。製品や半製品、不良品など

の置場や部品交換時のスペース、安全な通路は、確保されているか。

（7）労働衛生面での配慮

　有害な物質が漏れてばく露されたり、点検、補修のときに触れるような危険はないか。

　これら安全な設備としての条件を、特に計画、設計の段階から考慮することが必要である。

3　機械の安全化のために

　機械は、あらかじめどのように使われるかが想定されるので、まずは設計・製造段階で機械自体に危険源の隔離や停止の機能を組み込んで安全化を図り、使用段階ではこうした機械を安全に使用することを原則とする。このため、すべての機械に適用できる「機械の包括的な安全基準に関する指針」が公表され、機械のメーカー、ユーザーそれぞれが実施すべき事項が定められている。詳しくは、第 11 章のリスクアセスメントについての解説で述べる。

4　本質安全化とは

　どんな状況においても災害を発生させないことが機械安全の究極の目標である。機械の危険源を除去すること、すなわち人に危害を及ぼす原因そのものをなくすことが「本質安全化」である。踏切事故をなくすために平面交差を立体交差に変えることが典型例である。これに加えて、作業者がミスをしても災害に至らない機能（フールプルーフ）や機械が故障しても安全が保たれる機能（フェールセーフ）を実現することも「本質安全化」と位置付けられる。

（1）危険源の除去（エネルギーを小さくする例）

- 操作盤の電源電圧が高いと漏電などで感電災害が起きるので、DC24V などの低電圧に変更すれば感電災害の危害の重大性が低減される。
- 鋭利な端部を丸くすれば突き刺しなどの災害は最小限にとどめられる。
- 質量の大きな可動ドアにはさまれると指を潰されるが、軽いドアなら打撲で済む。

(2) フールプルーフ（Fool proof）

フールプルーフを目指した設備の例としては、次のようなものがある。
- 一定の高さ以上に荷を吊り上げられないようにしたクレーンの巻過防止装置。
- 扉を閉めないと加熱できない電子レンジ（マイクロ波の外部放射防止）。

(3) フェールセーフ（Fail safe）

フェールセーフを組み込んだ設備の例としては、次のようなものがある。
- 停電や故障で電源が遮断されると自動的にブレーキが働き、重力で荷が下りてこない機構を持つクレーンの巻き上げ装置。
- 転倒したとき自動消火装置が働き、火災にならない構造の移動式石油ストーブ。

ヒューマンエラーの発生そのものを防止する対策（第 12 章参照）を進めることも重要であるが、それでもエラーは発生し、災害に至ることもある。機械設備の本質安全化を図ることは、ヒューマンエラーが発生したとしても労働災害につながらない対策となり、本質安全化がヒューマンエラーによる災害の根本対策にもなる。

5 作業設備の安全化の例

作業設備の安全化を必要とする例を挙げると、次のようなものがある。

(1) 機械設備

ア　動力伝導部分、機械の作動部分、鋭利な突起物等には、囲い、覆いなどを設ける。

イ　動力遮断装置を機械ごとに設ける。

ウ　機械を停止して掃除、修理などを行う場合には、起動装置に施錠し、表示札などを取り付ける。

エ　構造規格に適合した機械、検定に合格した安全装置を使用する。

オ　作業箇所には、囲い、覆い、安全柵、安全装置、自動供給装置などを設ける。

カ　稼働するテーブル等のストローク端が作業者に危険を及ぼすおそれのある機械について、危険を防止する措置を講じる。

（2）電気設備

ア　充電部分は絶縁するか、囲い、覆いを設ける。

イ　水などで湿潤している場所、鉄板、鉄骨などの通電しやすい場所で使用する
電動機械器具には、感電防止用の漏電遮断装置を設ける。

ウ　すべての電気設備には、アースを取り付ける。

エ　静電気を発生する作業設備は、アースに加えて静電気除去装置を取り付ける。

オ　アーク溶接機には、自動電撃防止装置を取り付ける。

（3）爆発火災のおそれがある設備

ア　可燃性のガスや引火性の蒸気を扱う設備では、これらが漏えいしないように
するとともに、着火源をつくらないように管理（防爆構造、無火花工具、補修
作業などでの火花管理など）を徹底する。

また、可燃性のガスや引火性の蒸気の漏えいを検知し、警報を出す装置や緊
急遮断装置を設置する。

イ　粉じん爆発の防止については、粉じんの飛散防止、湿式工法の採用、不活性
ガスによるシールなどの対策とともに着火源の管理を徹底する。

ウ　水蒸気爆発の防止については、溶融高温物の取扱場所を雨水、地下水が浸入
しない構造にし、水と溶融高温物との接触を防止する。

エ　化学物質の混触による危険を防止する。

（4）運搬設備

ア　照明装置、制動装置、非常停止装置、警報装置、巻過防止装置などを設ける。

イ　適正なワイヤロープ、つりチェーン、つり具を使用する。

ウ　積み荷の落下防止装置などを設ける。

エ　人との接触防止装置（防護柵、出入り口遮断装置など）を設ける。

（5）飛来落下や崩壊、倒壊のおそれがある場所や設備

①　飛来落下に対して

ア　防護棚（あさがお）、防護網などを設ける。

イ　物の荷降ろし、または投下設備を設ける。

ウ　高所作業床には、幅木（爪先板）を設ける。

② 崩壊、倒壊に対して

ア 土止め支保工、ずい道支保工、擁壁などを設ける。

イ 支柱、壁つなぎ、控などを設ける。

ウ 防護網を張る。

（6）墜落災害のおそれがある場所や設備

ア 高所作業床、ローリングタワー、開口部、ピットその他の墜落のおそれのある場所には、手すり、囲い、覆いを設ける。これらの措置が困難な場合は、防護網を張り、墜落制止用器具取付け設備を設け墜落制止用器具を使用させる。

イ 昇降するための安全な設備を設ける。

ウ 足場、ゴンドラ、脚立、ローリングタワー、作業構台などの構造および材料を適正にする。

エ 鉄骨建方における玉掛け脱着つり用具など、高所危険作業をできるだけ少なくする方法を採用する。

●まとめと討議テーマ●

●まとめ

① 作業設備の安全化についての基本的考え方と条件を理解する。

② 本質安全化の考え方を理解し、実現できるように働きかける。

③ それぞれの作業設備の持つ危険性を理解し、安全化に努力する。

●討議テーマ

① 職場にある作業設備について、安全の基本は充足しているか。

② 職場にある作業設備にどんな本質安全化が図られているか。

③ 事故災害やヒヤリ・ハットの事例から、どのような改善が必要か。

第 5 章

環境改善の方法と環境条件の保持

この章で学ぶこと

　　労働衛生の基本は、作業者の健康確保である。職場で発生するさまざまな健康影響の概要および対策の基本的考え方とともに具体的手段について学ぶ。特に酸素欠乏症、一酸化炭素中毒、有機溶剤中毒に関しては、作業環境管理および作業管理の重要性について学び、また、生活習慣病やメンタルヘルス不調等、部下への配慮の重要性について学ぶ。

　　本テキストは、さまざまな業種の事業場に対応したものであることから、本章は他の教科より分量が多くなっている。職長教育においては、各々の事業場の特性を踏まえた対応が必要である。

　　職場における労働衛生の問題は、従来は、粉じん、有機溶剤等の有害物による健康障害への対策が中心であった。しかし、今日では、情報機器作業などに代表される疲労、生活習慣病、メンタルヘルス不調など新たな問題が生まれている。

　　このように、多様化している健康問題への対処のためにはさまざまな対策が必要である。また、リスクアセスメントの結果、健康障害を生じるおそれのある作業環境の改善も必要である。職長にとって部下の健康問題は避けて通ることができない重要な問題で、職長の役割は従来にも増して重くなっている。

　　この章では、上に述べた状況を踏まえ、次の3項目について学ぶ。

①　従来からの健康障害に併せて、多様化している作業者の健康問題についての概要

②　有害物質、有害エネルギー等により発症する健康障害の対策のうち、特に作業環境改善を中心とした事項

③　疲労、生活習慣病、メンタルヘルス不調等を中心に、「快適職場と健康の保持増進」に関する事項

現代の職場における疾病

眼精疲労
精神疲労

1　作業者の健康に与える要因

作業者の健康障害は、おおむね職業性疾病、作業関連疾患、私傷病（生活習慣病）の３つに大別できるが（**表2-5-1**）、その発生要因は、一般的に①物理的要因、②化学的要因、③生物的要因、④社会的要因の４つに分類されている。次に、４つの要因の概要とそれによって引き起こされる健康障害について述べる。

表 2-5-1　病気の基本的分類

分　　　　類		個　別　疾　病
職 業 性 疾 病	急性疾病	一酸化炭素中毒、硫化水素中毒、酸素欠乏症、有機溶剤中毒、熱中症等
	慢性疾病	金属中毒、じん肺、有機溶剤中毒等
作 業 関 連 疾 　　　　患	肉体的疲労 精神的疲労	頸肩腕症候群、眼精疲労（情報機器作業等）、腰痛（重量物取扱い作業等） 仕事に起因するメンタルヘルス不調等
私 　傷 　病	生活習慣病	循環器疾患等

（1）物理的要因

物理的要因は、有害エネルギーが健康に悪影響を与えるものであり、物理的要因による健康障害では温熱環境による熱中症、騒音による難聴、腰痛などが代表的なものである（**表2-5-2**）。このうち、職場で身近にある暑熱、騒音、腰痛について説明する。

表 2-5-2　物理的要因と健康障害の例

物理的要因	具体的な作業	健康障害
温熱湿度条件	金属の溶解、溶融、鋳造、熱処理、夏季の作業	熱中症
	冷蔵庫、冷凍庫内の作業、冬季の屋外作業	凍傷
採光、照明	明るすぎる照明、暗すぎる照明	眼の障害
有害光線	溶接作業（紫外線）、炉前作業（赤外線）	眼の障害
	レーザー光線を使用する作業	眼の障害
電離放射線	非破壊検査、医療上の診察、治療	放射線障害
騒音	騒音を発する機械の操作、鍛造作業	聴力障害
超音波	超音波を用いた溶着作業	頭痛
異常気圧	潜水、潜函、圧気工事	高気圧障害
振動	チェーンソー等の振動工具を使用する作業	振動障害
腰への負荷	重量物運搬、介護作業、自動車運転	腰痛

① 暑熱

高温多湿な環境下で労働すると体温は上昇し、体温を調節する脳の中枢が働き、皮膚の血管の拡張、発汗増加で対処しようとするが、高温がその調節機能を超えたり、調節中枢の変調が生じると、生命の危険を伴う状態となる。このような症状を総称して「熱中症」という。熱中症の発生メカニズムを**図2-5-1**に、熱中症の症状と分類を**表2-5-3**に示す。

熱中症は、重症度により「Ⅰ度」「Ⅱ度」「Ⅲ度」に分類される。

「Ⅰ度」とは、自力で水分や塩分の摂取ができる状態で、短時間で回復する軽い熱けいれんや熱失神のことであり、Ⅰ度と判断した場合は、ペットボトル等を自分で開栓して、こぼさずに飲み、吐き出したりしないことまで確認し、症状がなくなるまで付き添う。

「Ⅱ度」とは、点滴する必要のある状態で、入院する必要のある熱疲労などのことであり、Ⅰ度と判断できないときは、Ⅱ度以上と考える必要がある。

「Ⅲ度」とは、深部体温が39℃以上（腋下で38℃以上）の高熱とともに、意識障害などの脳の障害、肝臓や腎臓などの臓器障害、DICと呼ばれる血液凝固障害のいずれかがあり、入院して集中治療の必要がある熱射病のことである（Ⅱ度かⅢ度かの判断は医療機関で行う）。

一般に、意識がはっきりしていて、自力で水分や塩分を摂取できて、回復する傾向がみられるのであれば、「Ⅰ度」と考えられるが、そうでなければ、医療機関に搬送する必要がある。

熱中症の発生メカニズムによる分類と応急措置は、次のとおりである。

ア　熱失神（熱虚脱）

皮膚に血液がたまり、循環血液が減少して、循環不全（軽いショック）を呈するもので、頭痛、めまい、耳鳴り、血圧低下、失神がみられる。脈拍は速いが、体温の上昇はない。涼しい場所で安静にする。

イ　熱けいれん

大量に汗をかいて水分と塩分が喪失したところへ、水だけ飲むと血液中の塩分（ナトリウムなど）濃度が低下し、筋肉けいれんが生じる。けいれんは、多くの場合、下肢のふくらはぎから起こる。体温は正常で、食塩水やスポーツドリンクの摂取で改善する。涼しい場所で安静にする。

ウ　熱射病（日射病）

熱調節中枢の機能の変調によるもので発汗が停止し、体温は40℃以上となり、

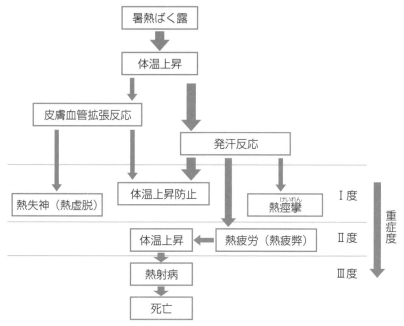

図 2-5-1　暑熱ばく露時の体温調節反応と熱中症の発生メカニズム
（出典：「製造業向け熱中症予防対策のためのリスクアセスメントマニュアル」中央労働災害防止協会、2015 年）

表 2-5-3　熱中症の症状と分類（令和 3 年 4 月 20 日付け基発 0420 第 3 号より）

分類	症状	重症度
Ⅰ度	めまい・生あくび・失神 （「立ちくらみ」という状態で、脳への血流が瞬間的に不十分になったことを示し、"熱失神"と呼ぶこともある。） 筋肉痛・筋肉の硬直 （筋肉の「こむら返り」のことで、その部分の痛みを伴う。発汗に伴う塩分（ナトリウム等）の欠乏により生じる。これを"熱けいれん"と呼ぶこともある。） 大量の発汗	小
Ⅱ度	頭痛・気分の不快・吐き気・嘔吐・倦怠感・虚脱感 （体がぐったりする、力が入らないなどがあり、従来から"熱疲労"といわれていた状態である。）	
Ⅲ度	意識障害・けいれん・手足の運動障害 （呼びかけや刺激への反応がおかしい、体がガクガクと引きつけがある、真直ぐに走れない・歩けないなど。） 高体温 （体に触ると熱いという感触がある。従来から"熱射病"や"重度の日射病"といわれていたものがこれに相当する。）	大

意識障害やうわごとをいうようになる。肝障害や出血異常もみられる。応急措置としては、まず風通しの良い涼しい場所に運ぶ。症状が重いときは着衣を脱がせ、熱を放出する。水で濡らしたバスタオルなどで体をおおい、全身を冷やす。着衣やうちわであおいだり、扇風機やクーラーなどで冷やしてもよい。頸、脇の下、足の付け根など太い血管のある部分に氷やアイスパックを当てる方法が効果的である。応急措置後、すぐに救急要請し、一刻も早く医師の手当を受ける。

以上のほかに、高温下で作業を続けた場合に、だるさや吐き気、力が入らないということがある。これを熱疲労という。涼しい場所に運び、楽な姿勢で足を高くして仰向けに寝かせる。意識があれば水分補給のために、食塩水やスポーツドリンクを与える。意識が薄れ皮膚も冷たくショック症状のある場合は、すぐに救急要請するか医療機関に搬送する。

なお、暑さ指数（WBGT*）が28℃以上ではすべての生活活動で熱中症をおこす危険性があり、厳重に警戒する必要がある。

熱中症の予防対策については「職場における熱中症予防基本対策要綱の策定について」（令和3年4月20日付け基発0420第3号）に沿って対策を講じる必要がある。

＊WBGT：気温、湿度、風速、輻射熱を加味した熱中症予防のための指標。Wet Bulb Globe Temperature（湿球黒球温度）の略。

② 騒　音

通常、職場には騒音を発生する機械や作業がある。このような騒音にばく露されることによる障害が、騒音性難聴である。一時的なばく露によって起こる難聴は回復できるものもあり、聴覚の疲労現象と考えられる。しかし、長期間にわたって大きな騒音にばく露されていると、永久的な騒音性の難聴が起こり、周波数4,000Hz付近の聴力が最初に低下する。通常の会話音域は500Hzから2,000Hz程度なので、初期には聴力低下は自覚されないが、聴力低下がこの音域まで進行すると会話に支障がでてくる。騒音性難聴は、騒音レベルが高いほど、ばく露時間が長いほど、周波数が高いほど起こりやすいので、対策は次のことが大切である。

• 騒音の音圧レベルを下げる。
• ばく露時間を短くする。
• 周波数を低くする。

「騒音障害防止のためのガイドライン」（令和5年4月20日改訂）によると、騒音障害防止対策の管理者には衛生管理者、安全衛生推進者のほかライン管理者や

騒音のめやす

騒音レベル (単位〔dB〕)	内　　　容
10	2m離れたところからのささやき
20	木の葉のふれ合う音
30	郊外の深夜
40	声を落とした会話、市内の深夜
50	静かな事務室
60	普通の会話
70	雑踏する街、普通の機械工場、意識的に声を大きくして話す
80	地下鉄（車内）
90	騒々しい工場の中、目前の人と話ができない
100	電車が通るときのガード下
110	さく岩機の音（1m）
120	製缶、ジェット機の爆音

職長等が含まれている。手持ち動力工具を使用する業務については、等価騒音レベルが継続的に85db未満であることを除き、労働者に聴覚保護具を使用させることなど、ガイドラインに沿って具体的な対策を講じることが求められる（**表2-5-4**）。

また、強烈な騒音を発する屋内作業場（等価騒音レベルで90dB以上）については、騒音の伝ぱの防止措置を講じる必要がある（安衛則第584条）。

表2-5-4　代表的な騒音対策の方法

分類	方法	具体例
1　騒音発生源対策	発生源の低騒音化 発生原因の除去 遮音 消音 防振 制振 運転方法の改善	低騒音型機械の採用 給油、不釣合調整、部品交換等 防音カバー、ラギング等の取り付け 消音器、吸音ダクト等の取り付け 防振ゴムの取り付け 制振材の装着 自動化、配置の変更等
2　伝ぱ経路対策	距離減衰 遮蔽効果 吸音 指向性	配置の変更等 遮蔽物、防音塀等の設置 建屋内部の消音処理 音源の向きの変更
3　受音者対策	遮音 作業方法の改善 耳の保護	防音監視室の設置 作業スケジュールの調整、遠隔操作化等 耳栓、耳覆いの使用

（「騒音障害防止のためのガイドライン」（厚生労働省）より）

③　腰痛予防対策

　職場における腰痛の発生は大きな問題であり、令和4年の業務上疾病全体（新型コロナウイルスり患によるものを除く）の6割以上を占めている。腰痛は、運輸交通業、小売業で多発しているが、高齢者介護などの社会福祉施設で働く人の腰痛発生件数も年々増加していることから、福祉・医療分野等における介護・看護作業も対象職場に含めた指針「職場における腰痛予防対策指針」（平成25年基発0618第1号）が定められた。

　指針にあげられている5つの作業とその基本的な予防対策を**表2-5-5**に示す。職長は、指針に掲げられた腰痛の基本的な予防対策を踏まえ、事業者・管理者と連携し作業の実態に即した対策を講じることが必要である。

　さらに、指針では、リスクアセスメントの手法や労働安全衛生マネジメントシステムの考え方を導入している。腰痛を発生させるリスクは**表2-5-6**に示すとおりさまざまである。腰痛予防対策は、腰痛の発症に関与する要因のリスクアセスメントを実施し、その結果に基づいて適切な予防策を実施していくことが重要である。

表 2-5-5　作業態様別の腰痛予防対策

作　　業	腰痛予防対策
①　重量物取扱い作業	・適切な動力装置等により自動化・省力化を図る。 ・人力による重量物の取扱い時には、重量の調整等を行う。 ・荷姿の改善・重量の明示等 ・不自然な作業姿勢・動作をなくす。 ・連続した重量物取扱い時間を軽減する。 ・必要に応じて腰部保護ベルトを使用する。 ・長時間運転後の作業時は、小休止・休憩およびストレッチングを行う。
②　立ち作業	・作業機器・作業台の配置は、作業者の体型を考慮する。 ・他の作業を組み合わせ長時間の連続した立位姿勢保持を避ける。 ・作業の途中で小休止・休憩がとれるよう椅子を配置する。 ・作業動作や作業位置に応じた片足置き台を使用する。 ・小休止・休憩をとり屈伸運動やマッサージを行う。 ・腰部への衝撃を緩和するようクッション性のある作業靴やマットを利用する。 ・冬期は足元の温度に配慮する。
③　座り作業	・椅子、机・作業台の高さや角度等を調整できるようにする。 ・腰部に負担がかからないよう作業姿勢に配慮し、不自然な姿勢とならないよう作業域を確保する。 ・同一姿勢を保持しないようにする。
④　福祉・医療分野等における介護・看護作業	・介助動作のための十分な広さの部屋を確保する（車椅子やストレッチャーを通路に置かない）等、作業環境を整える。 ・福祉用具を利用する。 ・作業姿勢・動作を見直す。 ・小休止・休憩をとる。 ・長時間労働や夜勤等の勤務形態の見直しを行う。
⑤　車両運転等の作業	・拘束姿勢や不安定な姿勢を低減するよう運転座席を改善する。 ・車両運転等の時間管理を行い、小休止・休憩をとる。

表 2-5-6　腰痛を発生させるリスク

【動作に関係した要因】	①　重量物の持ち上げや運搬により、腰に強い力が加わる ②　介護・看護作業などで、人を抱え上げることで腰に負荷を受ける ③　長時間同じ姿勢を保つ ④　前かがみの姿勢を保つ ⑤　身体をひねるなどの不自然な姿勢を繰り返す
【環境に関係した要因】	①　振動・衝撃 ②　寒冷・多湿の環境 ③　床面が滑りやすい、段差がある ④　照明が暗い
【作業者個人の要因】	①　性 ②　年齢 ③　体格
【その他の要因】	心理的・社会的要因

（2）化学的要因

　現在、わが国の産業界で使用されている化学物質は、主なものだけで約70,000物質あるといわれており、さらに、毎年新たに数百種類の化学物質が生み出され、個別に規制されていない化学物質による労働災害が後を絶たない状況にある。

　化学物質は有益な反面、危険性や有害性を持つものも多く、その取扱いによって作業者の健康に影響（**図2-5-2**）を及ぼすことがあるため、化学物質管理者および保護具着用管理責任者とともに、適切な管理を行うことが必要である（**図2-5-3**）。

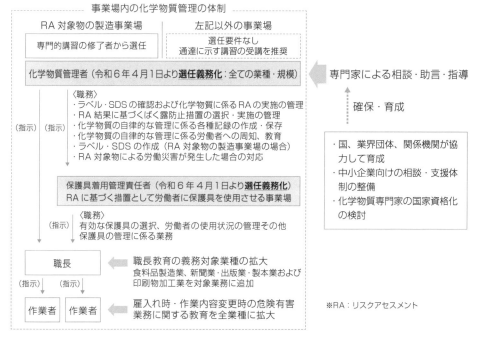

図2-5-3　事業場内専門人材の選任および教育
（資料：厚生労働省、一部改変）

　化学物質の有害性としては、生体に対して中毒、アレルギー、がんなどを引き起こすことがある。職場においては次のようなばく露の経路がある（**図2-5-4**）。

- 作業環境中のガス、蒸気、粉じんを呼気から吸収する**経気道**ばく露
- 皮膚・眼に接触することにより吸収される**経皮**ばく露
- 有害物に汚染されたものを食べるなどの**経口**ばく露

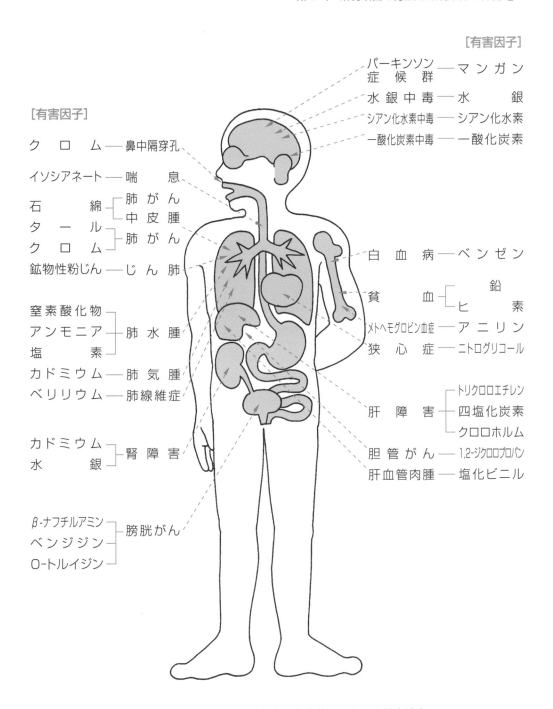

[有害因子]

パーキンソン症候群 ── マンガン
水銀中毒 ── 水　銀
シアン化水素中毒 ── シアン化水素
一酸化炭素中毒 ── 一酸化炭素

白　血　病 ── ベンゼン
貧　血 ┬ 鉛
　　　 └ ヒ　素
メトヘモグロビン血症 ── アニリン
狭　心　症 ── ニトログリコール

肝　障　害 ┬ トリクロロエチレン
　　　　　 ├ 四塩化炭素
　　　　　 └ クロロホルム
胆　管　がん ── 1,2-ジクロロプロパン
肝血管肉腫 ── 塩化ビニル

[有害因子]

ク　ロ　ム ── 鼻中隔穿孔
イソシアネート ── 喘　息
石　綿 ┬ 肺がん
　　　 └ 中皮腫
タ　ー　ル ┐
ク　ロ　ム ┘ 肺がん
鉱物性粉じん ── じん肺

窒素酸化物 ┐
アンモニア ├ 肺水腫
塩　素 ┘
カドミウム ── 肺気腫
ベリリウム ── 肺線維症

カドミウム ┐
水　銀 ┘ 腎障害

β-ナフチルアミン ┐
ベンジジン ├ 膀胱がん
O-トルイジン ┘

図 2-5-2　職場で起こりうる主な化学的要因による健康障害

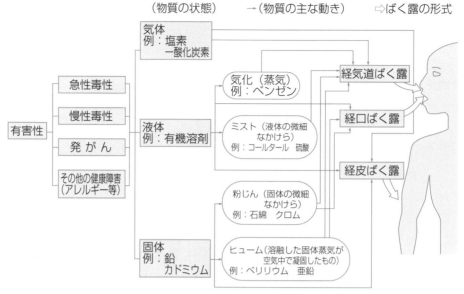

（物質の状態）　　　→（物質の主な動き）　　　⇨ばく露の形式

図 2-5-4　化学物質のばく露の経路

① 酸素欠乏症および硫化水素中毒

　毎年、マンホール等の内部での酸素欠乏症（酸素濃度が 18％未満の空気を吸入することにより生じる症状。**表 2-5-7** 参照）が多数発生している。また、硫化水素中毒（硫化水素を吸入することにより生じる症状。**表 2-5-8** 参照）によっても多くの死亡者が発生している。微生物による汚水の分解等により発生する硫化水素は、非常に危険性の高いものである。

　酸素欠乏症、硫化水素中毒、一酸化炭素中毒のように死亡災害に直結する急性疾病対策は、職長にとって最優先課題である。急性疾病対策の基本は、労働安全衛生法令に定める守るべきルールを確実に守ることにある。

　法令上の「酸素欠乏危険場所」の概要を**表 2-5-9** に示す。これらの場所における作業では、作業主任者を選任して安全確保に当たらせるとともに、作業者には特別教育を実施し、作業に当たっては、作業環境測定、換気、保護具を使用すること等が定められている（**表 2-5-10**）。特に作業主任者による酸素濃度等の測定（酸素濃度 18％以上。**表 2-5-9** の③の 3、⑨に該当する場所では、酸素濃度 18％以上かつ硫化水素濃度 10ppm（100 万分の 10）以下。）と換気が最も重要となる。また、**表 2-5-10** の 6 項目を実践するための仕組みを職場内に整備しておくことが必要となる（**表 2-5-11**）。

　なお、密閉されたピットやマンホール内は、まず酸欠空気に満たされているものと考え、内部に入るような場合は、事前に測定と換気を必ず行い、監視人を立

てて作業する。

　また、「酸素欠乏症等防止規則」では、酸素欠乏危険場所における措置のほか、「特殊な作業」についても定めている。特に酸素欠乏症（一部、硫化水素中毒）対策では、**表 2-5-12**（76 ページ）に示す特殊な作業における措置も必要である。

表 2-5-7　酸素濃度と酸素欠乏症の症状等との関係

段　階 （ヘンダー ソンらの分 類による）	空気中酸素		動脈血中酸素		酸素欠乏症の症状等
	濃　度	分　圧	飽和度	分　圧	
	(%) 18	(mmHg) 137	(%) 96	(mmHg) 78	安全下限界だが、作業環境内の連続換気、酸素濃度測定、墜落制止用器具等、給気式呼吸用保護具の用意が必要
1	16〜12	122〜91	93〜77	67〜42	脈拍・呼吸数増加、精神集中力低下、単純計算まちがい、精密筋作業拙劣化、筋力低下、頭痛、耳鳴、悪心、吐気、動脈血中酸素飽和度85〜80%（酸素分圧50〜45mmHg）でチアノーゼが現れる
2	14〜9	106〜68	87〜57	54〜30	判断力低下、発揚状態、不安定な精神状態（怒りっぽくなる）、ため息頻発、異常な疲労感、酩酊状態、頭痛、耳鳴、吐気、嘔吐、当時の記憶なし、傷の痛みを感じない、全身脱力、体温上昇、チアノーゼ、意識もうろう、階段・梯子から墜落死・溺死の危険性
3	10〜6	76〜46	65〜30	34〜18	吐気、嘔吐、行動の自由を失う、危険を感じても動けず叫べず、虚脱、チアノーゼ、幻覚、意識喪失、昏倒、中枢神経障害、チェーンストークス型の呼吸出現、全身けいれん、死の危険
4	6 以下	46 以下	30 以下	18 以下	数回のあえぎ呼吸で失神・昏倒、呼吸緩徐・停止、けいれん、心臓停止、死

（出典：『酸素欠乏危険作業主任者テキスト』（第 5 版）中央労働災害防止協会　2021 年（一部改変））

表 2-5-8　硫化水素の気中濃度と部位別作用・反応

濃度 ppm	部位別作用・反応		
0.0081 0.3 3 〜 5	嗅覚 鋭敏な人は特有の臭気を感知できる（嗅覚の限界） 誰でも臭気を感知できる 不快に感じる中程度の強さの臭気		
10			眼 眼の粘膜の刺激下限界
20 〜 30	耐えられるが臭気の慣れ（嗅覚疲労）で、それ以上の濃度に、その強さを感じなくなる	呼吸器 肺を刺激する最低限界	
50			結膜炎（ガス眼）、眼のかゆみ、痛み、砂が眼に入った感じ、まぶしい、充血と腫脹、角膜の混濁、角膜破壊と剥離、視野のゆがみとかすみ、光による痛みの増強
100 〜 300	2 〜 15 分で嗅覚神経麻痺で、かえって不快臭気は減少したと感じるようになる	8 〜 48 時間連続ばく露で気管支炎、肺炎、肺水腫による窒息死	
170 〜 300		気道粘膜の灼熱的な痛み 1 時間以内のばく露ならば、重篤症状に至らない限界	
350 〜 400		1 時間のばく露で生命の危険	
600		30 分のばく露で生命の危険	
700	脳神経 短時間過度の呼吸出現後直ちに呼吸麻痺		
800 〜 900	意識喪失、呼吸停止、死亡		
1000	昏倒、呼吸停止、死亡		
5000	即死		

（出典：『酸素欠乏危険作業主任者テキスト』（第 5 版）中央労働災害防止協会　2021 年）

表 2-5-9 酸素欠乏危険場所の概要

酸素欠乏危険場所とは、酸素濃度・硫化水素濃度にかかわらず、労働安全衛生法施行令別表６に掲げる酸素欠乏症等にかかるおそれのある場所であり、概要は次のとおりである（③の３、⑨は、酸素欠乏症または硫化水素中毒にかかるおそれのある場所。他は、酸素欠乏症にかかるおそれのある場所）。

① 次の地層に接し、または通じる井戸、たて坑等の内部
  ・上層に不透水層がある砂れき層のうち含水もしくは湧水がなく、または少ない部分
  ・第１鉄塩類等を含有している地層
  ・メタン、エタンまたはブタンを含有する地層
  ・炭酸水を湧出しており、または湧出するおそれのある地層
  ・腐泥層
② 長期間使用されていない井戸等の内部
③ ケーブル、ガス管等を収容するための暗渠、マンホール等の内部
③の２ 雨水、河川の流水、湧水が滞留したことのある（している）槽、暗渠等の内部
③の３ 海水が滞留したことのある（している）ピット、暗渠等の内部
④ 相当期間密閉されていた鋼製のタンク等の内部
⑤ 鋼材、くず鉄等が入っている船倉、魚油等が入っているタンクなどの内部
⑥ 室内や格納物が乾性油を含むペイントで塗装され、ペイント乾燥前に密閉された地下室等の内部
⑦ 飼料の貯蔵（サイロ）、バナナ（果菜）の熟成に使用している倉庫等の内部
⑧ 酒類、醤油等醸造槽等の内部
⑨ 汚水槽等の内部
⑩ ドライアイスを用いた冷蔵庫・冷凍庫等の内部
⑪ ヘリウム、アルゴン、窒素等の不活性気体を入れたことのある（入れている）施設の内部

表 2-5-10 酸素欠乏症等対策の原則

① 作業前の打ち合わせ
② 酸素濃度、硫化水素濃度の測定の実施
③ 換気の実施
④ 保護具等の装着
⑤ 作業主任者の選任
⑥ 特別教育受講有無の確認

表 2-5-11 管理体制の整備

（1）測定器の精度管理	→	・点検者、点検頻度、機器の整備
（2）保護具等の管理	→	・装着訓練
		・点検の仕組み（点検者、点検頻度等）
（3）救急体制の整備	→	・救急指導員の養成
		・救急用具等
（4）教育体制の整備	→	・教育要件の決定（時間、頻度、内容等）
		・教育担当者の養成
（5）資格者の養成	→	・作業主任者

表 2-5-12 「特殊な作業」（酸欠則第 18 条～第 25 条の 2）の種類と危険防止措置の例

特殊な作業の種類	防止措置の内容
ずい道などの掘削（第 18 条）	ボーリング等によるメタン等の調査 メタン等の処理の方法、掘削の時期、順序等を定めて作業
地下室等の炭酸ガス消火設備（第 19 条）	ハンドル等が容易に作動しないようにする。 みだりに作動させることを禁止する。
冷蔵室、冷凍室等密閉して使用する設備等における作業（第 20 条）	出入口の扉、ふたが閉まらないような措置 内部から容易に開けることができる構造か通報装置
タンクの内部等通風の不十分な場所でのアルゴンや炭酸ガス等を使用する溶接（第 21 条）	酸素濃度を 18% 以上に保つように換気 空気呼吸器を使用
特殊な地層等に通ずる配管等が設けられている地下室等における作業（第 25 条）	酸欠空気の漏出防止のための漏出箇所の閉塞または酸欠空気を直接外部へ放出する等の措置
糞尿等腐敗または分解しやすい物質を入れてある設備の改造等（第 25 条の 2）	硫化水素が充満しているものとして、まず外部の正常な空気による置換、測定、監視等を行う。

上の表以外にも酸素欠乏症等防止規則に多くの特殊な作業と危険防止措置が定められている。

② 粉じん障害

　じん肺は、古くから知られている代表的な職業性疾病であるにもかかわらず、近年においてもじん肺およびじん肺合併症の業務上疾病患者数は依然として多い状態である。このような粉じんによる障害を防止する対策としては、第 1 に、粉じん発散と拡散を低減し、呼吸用保護具を使用することなどにより粉じんへのばく露を低減するための対策、第 2 に、粉じん作業従事労働者に対する健康管理が重要である。それらの対策は、それぞれ「粉じん障害防止規則」と「じん肺法」に規定されている。粉じんが発生する職場では、まず発散を低減し、作業者へのばく露を低減することが必要である（**表 2-5-13**）。

③ 有機溶剤中毒

　ア　有機溶剤

　　有機溶剤とは、他の物質を溶かす性質を持っている有機化合物の総称であり、さまざまな職場で塗装、洗浄、印刷等の作業に幅広く使用されている。有機溶剤は常温では液体であるが、一般に蒸発しやすく、蒸気となって作業者の呼吸

表 2-5-13　粉じん対策の概要

- 粉じん発生の少ない生産工程、作業方法等への改善および原材料の変更
- 密閉化、局所排気装置またはプッシュプル型換気装置の設置、湿式化等の特定粉じん発生源についての対策
- 特定粉じん作業以外の粉じん作業を行う屋内作業場における全体換気装置の設置等の対策
- 粉じんをできるだけ吸入しないための防じんマスクの着用や作業手順の改善
- 作業環境測定に基づく作業環境の評価および評価結果に基づく適切な事後措置の実施
- 粉じん作業に従事する労働者に対する特別教育の実施
- 局所排気装置等の定期的な検査および点検
- 堆積粉じんによる 2 次的発散防止のための清掃の実施
- 粉じん作業場以外の場所への休憩設備の設置
- じん肺の早期発見と進展程度を把握し、進展防止に資するためのじん肺健康診断の実施などを心がける必要がある。

表 2-5-14　近年改正された粉じん障害防止対策のための通達一覧

作業名（通達年月日番号）	改正内容
アーク溶接作業と岩石等の裁断等作業（平成 24 年基発 0207 第 1 号）	屋外で金属をアーク溶接する作業については、呼吸用保護具の使用、休憩設備の設置、じん肺健康診断の実施、じん肺健康管理実施状況報告の提出が必要となる。屋外で岩石・鉱物を裁断等する作業についても、呼吸用保護具の使用が必要となる。
屋外における岩石・鉱物の研磨・ばり取り作業（平成 26 年基発 0625 第 2 号）	呼吸用保護具の使用が必要となる。
鋳物を製造する工程において砂型を造型する作業（平成 27 年基発 0810 第 2 号）	呼吸用保護具の使用、換気の実施、休憩設備の設置等じん肺健康診断の実施、じん肺健康管理実施況報告の提出が必要となる。
船舶内での鉱物等をかき落とす作業（平成 29 年基発 0411 第 6 号）	換気の実施、休憩設備の設置、呼吸用保護具の使用が必要となる。
トンネル建設工事における切羽付近での作業（令和 2 年基発 0615 第 6 号）	空気中の粉じんの濃度の測定、電動ファン付き呼吸用保護具が必要となる。

器から吸収される。また、脂を溶かす性質により皮膚からも吸収される溶剤もある。有機溶剤の高濃度の蒸気を吸入すると、中枢神経が作用を受けて「急性中毒」を引き起こすほか、低濃度であっても長期間吸入すると、肝臓、造血器等に作用し、「慢性中毒」を引き起こす等の性質を持っており、対策時に注意が必要となる。

　最近の有機溶剤による急性中毒の発生事例をみると、その大部分がトルエン、キシレンなど第 2 種有機溶剤の取扱いで、通気の不十分な場所での塗装や洗

浄等の業務に伴って発生している。その原因として、局所排気装置等の不備、呼吸用保護具の不使用、作業主任者の不選任、作業者に対する教育の不足が指摘されている。

有機溶剤中毒予防規則（以下「有機則」という。）では、有機溶剤を有害性の程度により、第 1 種、第 2 種、第 3 種の 3 つに分類し、有機溶剤の蒸気の発散源を密閉する設備または局所排気装置等の設置、作業主任者の選任、装置の自主点検、作業環境測定、健康診断の実施、保護具の使用、貯蔵および空容器の処理などについて規定している。

また、有機溶剤業務に係る有機溶剤等の区分を作業者が容易に知ることができるように、職長は**図 2-5-5** に示す「有機溶剤等の区分の表示」（有機則第25 条）が職場に掲示されているか確認するとともに、次の掲示物についても、掲示されていることを確認することが必要である。

- 作業主任者の氏名とその職務（労働安全衛生規則第 18 条）
- 有機溶剤に関する必要な知識を労働者に周知させるための掲示（有機則第24 条）

第 1 種有機溶剤等：単一物質である有機溶剤のうち、有害性が比較的高いものおよびその含有物とするもので、「赤」で表示される。（1,2-ジクロルエチレン、二硫化炭素）

第 2 種有機溶剤等：単一物質である有機溶剤が第 1 種有機溶剤等に区分されないもので、「黄」で表示される。（アセトン、イソブチルアルコール他）

第 3 種有機溶剤等：有機溶剤等のうち、第 1 種有機溶剤等および第 2 種有機溶剤等以外のもので「青」で表示される。（ガソリン、コールタールナフサ他）

赤　　　　　黄　　　　　青

図 2-5-5　有機溶剤等の区分の表示

イ　特別有機溶剤

有機則で管理されていた有機溶剤のうち 10 物質が、特定化学物質障害予防

規則（以下「特化則」という）の適用を受ける物質とされ、1,2-ジクロロプロパン、エチルベンゼンとともに、発がん性のおそれがある物質として管理する特別有機溶剤とされた（**表2-5-15**）。

表2-5-15　特別有機溶剤（12種類）

クロロホルム・四塩化炭素・1,4-ジオキサン・1,2-ジクロロエタン・ジクロロメタン・スチレン・1,1,2,2-テトラクロロエタン・テトラクロロエチレン・トリクロロエチレン・メチルイソブチルケトン・1,2-ジクロロプロパン・エチルベンゼン

④　特定化学物質による障害

作業者に職業がん、皮膚炎、神経障害などを発症させるおそれの大きい化学物質を特定化学物質として指定し、特化則で厳しく規制している（**表2-5-16**）。

表2-5-16　特定化学物質の基本的分類（特定化学物質障害予防規則）

・**「第1類物質」**：製造設備の密閉化、作業規程の作成などの措置を条件とした製造の許可を必要とする（PCBなど）。 ・**「第2類物質」**：製造、もしくは取扱い設備の密閉化または局所排気装置などの設置を必要とする（塩化ビニル、クロム酸およびその塩、コールタール、ホルムアルデヒド、マンガンおよびその化合物など）。 ・**「第3類物質」**：主として大量漏えい事故の防止措置を必要とする(アンモニア、一酸化炭素、硫酸など)。 に分類して健康障害の防止措置を規定している。 　このほか、第1類物質および第2類物質のうち、職業がんなど労働者に重度の健康障害を生じるおそれがあり、その発症まで長い期間がかかるものとして「特別管理物質」が定められている。 　詳しくは、特化則を参照。

なお、化学物質の法的管理の対象として、平成27年にはナフタレン、リフラクトリーセラミックファイバー、平成29年にはオルト-トルイジン、三酸化二アンチモン、令和3年には塩基性酸化マンガン、溶接ヒュームが特化物に追加されてきた。化学物質を取り扱う事業場においては、取り扱う化学物質に適用される規制について十分に注意しなければならない。

⑤　その他の化学物質による障害

石綿（アスベスト）については石綿障害予防規則で、鉛については鉛中毒予防規則で、四アルキル鉛については四アルキル鉛中毒予防規則で、健康障害防止を目的として、さまざまな項目を規定している。

職長は自職場で取り扱う化学物質について、第一にどの規定が適用され、第二にその物質についてどのような措置が定められているかを正確に理解することが必要である。

⑥ 自律的な化学物質管理

　化学物質管理の充実強化のために、表示（ラベル）・文書（SDS）の交付、リスクアセスメント（危険性又は有害性等の調査）の義務化、有害物ばく露作業報告制度、女性労働者の就業禁止について、**表 2-5-17** に示す措置が定められている。

　さらに、個々の化学物質について、容器等に危険有害性の程度の区分に応じた絵表示、注意喚起語、危険有害性情報等を表示することとされている（**図 2-5-6**）。

表 2-5-17　化学物質管理の充実強化のための措置

管理項目	措置内容
表示（ラベル）文書（SDS）の交付	• 職場において使用される危険・有害な化学物質の危険・有害性情報を広く関係者に伝達する。 • 譲渡提供時のラベル表示や安全データシート（SDS）の交付（令別表第 9 に定める物質） • 事業場内で取り扱う容器等についてラベル表示の実施
リスクアセスメントの義務化	• SDS の交付が義務付けられている物質について、リスクアセスメント実施の義務化
有害物ばく露作業報告制度	• 国による化学物質の作業者に対する健康障害のリスク評価 • リスクが高いものについて必要な規制を実施する
女性労働者の就業禁止	• 女性労働基準規則の改正により、26 の化学物質について、作業環境測定で「第 3 管理区分」となった場合、全ての女性労働者の就業を禁止。

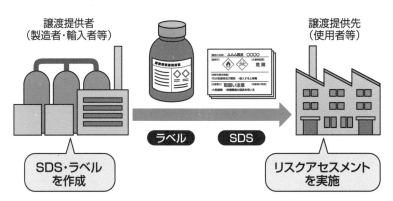

　また、化学物質による休業 4 日以上の労働災害（がん等の遅発性疾病を除く。）の多くは、特化則など特別規則の規制の対象外の化学物質が原因となっている。このため、これら規制の対象外であった有害な化学物質を主な対象として、国によるばく露の上限となる基準の策定、表示（ラベル）・文書（SDS）の交付の整備拡充等を前提として、事業者が、リスクアセスメントの結果に基づき、ばく露

爆発物（不安定爆発物、
等級 1.1～1.4）
自己反応性化学品
（タイプ A、B）
有機過酸化物
（タイプ A、B）

可燃性ガス（区分 1）、自然発火性ガス
エアゾール（区分 1、区分 2）、引火性液体（区分 1～3）
可燃性固体、自己反応性化学品（タイプ B～F）
自然発火性液体、自然発火性固体
自己発熱性化学品、水反応可燃性化学品
有機過酸化物（タイプ B～F）、鈍性化爆発物

酸化性ガス
酸化性液体、酸化性固体

高圧ガス

金属腐食性化学品、皮膚腐食性
眼に対する重篤な損傷性

急性毒性
（区分 1～区分 3）

急性毒性（区分 4）、
皮膚刺激性（区分 2）
眼刺激性（区分 2A）、皮膚感作性
特定標的臓器毒性（単回ばく露）（区分 3）
オゾン層への有害性

呼吸器感作性、生殖細胞変異原性
発がん性、生殖毒性（区分 1、区分 2）
特定標的臓器毒性（単回ばく露）（区分 1、区分 2）
特定標的臓器毒性（反復ばく露）（区分 1、区分 2）
誤えん有害性

水生環境有害性
[短期（急性）　区分 1、長期（慢性）
区分 1、長期（慢性）　区分 2]

図 2-5-6　危険有害性を表す絵表示（JIS Z 7253 より）

防止のための措置を適切に実施する制度が導入されている（**表 2-5-18**）。

（3）生物的要因

　細菌などによる食中毒、最近では病院等における医師、看護師や医学研究所の業務などにおける細菌やウイルス等による感染症による疾患などがこれに当たる。

（4）社会的要因

　機械化、IT 化、ロボットの導入など、職場の労働態様が大きく変化している。また、合理化やリストラの進展で、人間関係も複雑さを増している。たとえば、事務的職場で情報化、IT 化によって一定の姿勢で長時間反復作業することによる静的筋肉労働作業が増えて、精神的疲労度が高く、ストレスの増大を招く等、新たな

表 2-5-18 化学物質の自律的な管理の主な内容

○ ラベル表示・SDS 等による通知の義務対象物質の追加

　・ラベル表示、安全データシート（SDS）等による通知とリスクアセスメント実施の義務対象物質（リスクアセスメント対象物）を順次追加（674 物質から約 2,900 物質まで追加される見込み）

○ リスクアセスメント対象物にばく露される濃度の低減措置

　・リスクアセスメント対象物のうち、濃度基準値設定物質は、屋内作業場で労働者がばく露される程度を濃度基準値以下としなければならない。

○ 皮膚等障害化学物質等への直接接触の防止

　・皮膚等障害化学物質等を製造し、または取り扱う業務では、その物質の有害性に応じて、労働者に障害等防止用保護具を使用させなければならない。

○ 衛生委員会の付議事項に化学物質の自律的な管理の実施状況の調査審議を行うことを義務付け

○ がん等の把握強化

○ リスクアセスメント結果等に関する記録の作成と保存

○ リスクアセスメントの結果や濃度基準値を超えたばく露のおそれがある場合の健康診断の実施と記録の保存

○ 化学物質管理者、保護具着用管理責任者の選任の義務化

○ 雇入れ時等教育の拡充

　・雇入れ時等の教育のうち、特定の業種で認められていた一部教育項目の省略の規定を廃止

○ 職長等に対する安全衛生教育が必要となる業種の追加

　・食料品製造業

　・新聞業、出版業、製本業、印刷物加工業

○ SDS 通知方法の柔軟化

○ SDS 等の「人体に及ぼす作用」の定期確認と更新

○ SDS 通知事項の追加

○ 化学物質を事業場内で別容器等で保管する際の措置の強化

　以下の場合もラベル表示・文書の交付等が必要

　・ラベル表示対象物を、他の容器に移し替えて保管する場合

　・自ら製造したラベル表示対象物を、容器に入れて保管する場合 等

○ 作業環境測定結果が第 3 管理区分の事業場に対する措置の強化

　・作業環境測定の評価結果が第 3 管理区分に区分された場合、外部の作業環境管理専門家の意見を聴き必要な改善措置等を講じること　等

○ 特殊健康診断の頻度の緩和

表 2-5-19　ストレス関連疾患

1．胃・十二指腸潰瘍	10．神経性食欲不振症	19．メニエール症候群
2．潰瘍性大腸炎	11．偏頭痛	20．円形脱毛症
3．過敏性腸症候群	12．筋緊張性頭痛	21．インポテンツ
4．神経性嘔吐	13．書痙	22．更年期障害
5．本態性高血圧症	14．痙性斜頸	23．神経症
6．狭心症・心筋梗塞	15．関節リウマチ	24．うつ病
7．過換気症候群	16．腰痛症	25．自律神経失調症
8．気管支喘息	17．頸肩腕症候群	26．その他
9．甲状腺機能亢進症	18．原発性緑内障	

（出典：『産業医のための作業関連疾患の予防必携』中央労働災害防止協会　1997年（一部改変））

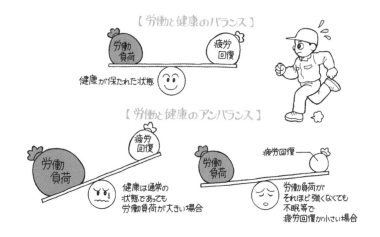

健康問題が生まれてきている（**表 2-5-19**）。日々の疲労が回復すれば問題ないが、蓄積し慢性疲労状態になると、眼精疲労（情報機器作業等）、腰痛（立ち作業等）、頸肩腕症候群、心身症等さまざまな形となって健康障害の発症につながり、表面化することになる。

　特に、職場のメンタルヘルスケアを考えるとき、従来の精神障害者へのアプローチを中心にした精神衛生対策のみでなく、広く職場全体の心の健康度を高めて、明るく、楽しく、活気のある職場を形成していく努力が必要である。そのためには、「傾聴の態度」と「共感的理解」ができる職長として、職場の全員から信頼されるように努めなければならない。

2 労働衛生管理

第１節で述べたように、職場における健康障害はさまざまな要因で発生するが、その防止対策は、「労働衛生の３管理」によって進められる。労働衛生３管理とは、「作業環境管理」、「作業管理」および「健康管理」である。

（1）作業環境管理

作業環境管理は、作業環境の状況を測定することなどにより正確に把握し、局所排気装置の設置などにより作業環境中の種々の有害要因を取り除いて適切な作業環境を確保することを目的に、

① まず、有害要因を確定してその要因について的確な作業環境測定を行い、

② その結果を評価して、

③ 局所排気装置など各種の設備の設置・改善や適正な整備を行い、良好な作業環境を維持していく

ことである。また、これらの設備の作業前および定期の点検の励行も重要な項目である。このように作業環境管理は、作業環境の測定そのものが目的ではなくて、その結果の評価に基づき必要な措置を講じ、良好な作業環境の実現と維持のために行うものであるから、測定を作業環境測定機関に委託する場合も、職長の立場として、結果を正しく把握し、措置を実施することが必要である。作業環境測定のフローシートを**図 2-5-7** に示す。

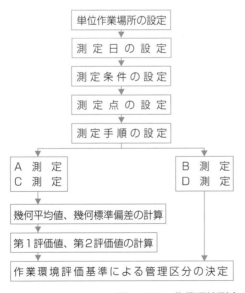

注）A 測定とは、有害物の濃度分布を測定し、作業場所における有害物の濃度の状態を知るための測定である。

B 測定とは、有害物の発散源付近など作業者が高濃度にばく露する場所の濃度の状態を知るための測定である。

C 測定とは、５人以上の作業者の身体に個人サンプラーを装着し全作業時間（２時間以上）試料を採取する方法。

D 測定とは、作業者の身体に個人サンプラーを装着し、濃度が最も高くなると思われる時間に15分間以上試料空気を採取する方法。

図 2-5-7　作業環境測定のフローシート

表 2-5-20　A 測定（C 測定）のみを実施した場合の管理区分と管理区分に応じて講ずべき措置

作業区分	作業場の状態	講ずべき措置
第 1 管理区分	当該単位作業場所のほとんど（95% 以上）の場所で気中有害物質の濃度が管理濃度を超えない状態	現在の管理の継続的維持に努める
第 2 管理区分	当該単位作業場所の気中有害物質の濃度の平均が管理濃度を超えない状態	施設、設備、作業工程または作業方法の点検を行い、その結果に基づき、作業環境を改善するため必要な措置を講ずるよう努める
第 3 管理区分	当該単位作業場所の気中有害物質の濃度の平均が管理濃度を超える状態	①　施設、設備、作業工程または作業方法の点検を行い、その結果に基づき、作業環境を改善するために必要な措置を講ずる ②　有効な呼吸用保護具の使用 ③　（産業医等が必要と認める場合には）健康診断の実施その他労働者の健康の保持を図るため必要な措置を講ずる

（注）管理濃度とは、作業環境測定を行った場合に、その結果を評価する際の指標となる数値で、「作業環境評価基準」（昭和 63 年労働省告示第 79 号）で定められている。

（2）作業管理

　有害な物質や有害なエネルギーが人に及ぼす影響は、作業の内容や作業のやり方によっても異なる。これらの要因を適切に管理して、作業者への影響を少なくすることが作業管理の目的である。

　作業管理の具体的な手段は、次のような方法がある。

①　作業に伴う有害要因の発生を防止すること。

②　ばく露を少なくするために、作業時間、作業の手順や方法を定めること。

③　作業方法の変更などにより、作業の負荷や姿勢などによる身体への悪影響を減少させること。

④　保護具を適正に使用し、ばく露を少なくすること。

　保護具には、安全を主にする保護具と労働衛生を主にする保護具がある。安全の保護具は、どの場合にどの保護具を使えばよいかが比較的わかりやすい。しかし、労働衛生の保護具は、作業環境、作業状態、使用材料によって、使用する保護具の選択、使用方法等についての知識と十分な配慮が必要である。

ア　労働衛生保護具

①　作業環境対策と労働衛生保護具の関係

　　労働衛生保護具の着用は、作業管理の一環として、有害物へのばく露軽減ま

たは防止のために行うものである。

② 労働衛生保護具の種類

労働衛生保護具は、使用目的により次の5つに分けられる。

- 有害化学物質の吸入による健康障害を防止するための防じんマスク、防毒マスク、防じん機能を有する電動ファン付き呼吸用保護具、防毒機能を有する電動ファン付き呼吸用保護具、送気マスク、空気呼吸器等の呼吸用保護具
- 皮膚接触による皮膚障害を防ぐための不浸透性や耐透過性の労働衛生保護衣（化学防護手袋、長靴等も含む）
- 眼の障害を防ぐための保護めがね
- 有害光線を遮断するための遮光保護具
- 騒音を遮断するための聴覚保護具

等がある。

③ 労働衛生保護具の条件

労働衛生保護具は、有害な作業環境が未だ改善されていない環境下での作業を行う際に、作業者個人を防護するために必要であり、有害要因から効果的に防御し、作業性の良いものであることが必要である。

一般的に保護具は、次のような条件を満たしていなくてはならない。

- 身体各部に適合した形であること
- 着脱が容易であること
- 動作になるべく負担がかからない形であること
- 使い方が簡単であること
- 外観やデザインができるだけよいこと
- できるだけ軽量であること
- 国家検定の必要なもの（防じんマスク、防毒マスク、電動ファン付き呼吸用保護具）については、検定合格標章のあるもの

---

④ 保護具を着用する際に注意すべきこと

- フィット（適していること）

保護具にはそれぞれの用途があり、たとえば、有害環境を1つのものでクリアできる保護具は、特殊な場合を除いて存在しない。したがって、対象となる有害環境に適した保護具の選択が必要である。すなわち職場へのフィットである。

　次に、身体へのフィットである。保護具が身体にピッタリしていないと効果が期待できないものもある。たとえば、防じんマスクと顔面のフィット、小さい物では、耳せんと耳腔とのフィットである。いずれの場合も、防じん作用や防音効果に密接に関係するので、防じんマスクではシールチェック（密着性の確認）を行うなどして身体によく合ったものを使うことが必要である。なお、特定の作業については、呼吸用保護具について 1 年以内ごとに 1 回のフィットテストの実施と記録が義務付けられている。

- 破過

　防毒マスクに使用される有害ガスまたは蒸気を吸着させる吸収缶は、有害物の種類、気中濃度に応じてある一定時間吸着すると効果が " 失効 " してしまう。これを「破過」というが、この時間を事前に知っておき、時間ごとに吸収缶を取り替えなければ持続した防毒効果を期待できない。なお、温度や湿度の高い場所では破過時間が大きく影響を受けるので注意が必要である。

イ　安全保護具

　安全保護具は労働衛生保護具に比べ、どの作業にどの保護具を使用するかわかりやすいように思われるが、作業に適した保護具を正しく使うことが必要である。また、法令で作業に応じて使用を義務付けられている保護具がある。それは、事故が起きたときに、自分の身体を守るためであることを十分認識して、きちんと決められたとおりに使用することが大切である。法令で使用を義務付けられている保護具は次のとおりである。

① 頭の保護具

- 保護帽（国家検定品）

　墜落時保護用、飛来落下物用または感電防止用のものがあり、作業に応じ

て決められている。

- 帽子（作業帽）

  動力により駆動される機械に、作業中の労働者の頭髪が巻き込まれるおそれのあるとき。

② 眼と顔面の保護具

加工物等や切削くずの飛来等や有害物の飛散、有害な光線等の危険からの眼や顔面の保護。面体式やめがね式のものがある。

③ 手の保護具

溶接用保護手袋、不浸透性や耐食性の保護手袋、耐切創手袋等

④ 足の保護具（JIS規格適合品）

安全靴等（静電気帯電防止靴・耐滑性靴など）

⑤ 体の保護具

耐熱服、不浸透性や耐食性の保護衣（保護前掛け）、静電気帯電防止服等

⑥ 墜落制止用器具（規格適合品）

高所作業等墜落・転落のおそれのある作業に使用する（**図2-5-8**）。

高さ2m以上において、足場の組立て・解体中や、手すりを一部的に取り外した場合、開口部の近くで作業を行う場合等、墜落のおそれのある箇所で作業を行う場合は、墜落による危険のおそれに応じた性能を有する墜落制止用器具を使用しなければならない。なお、その業務を行う労働者は安全衛生特別教育を受けなければならない。

平成31年2月より、法令等の改正により、高所作業で使用する墜落制止用器具はフルハーネス型が原則となっている。また、6.75mを超える高さの箇所で使用する墜落制止用器具は、フルハーネス型のものでなければならない。

⑦ その他

- 救命具

  救命具等、救命胴衣

- 絶縁用保護具（国家検定品）

  高圧・低圧活線作業、高圧・低圧活線近接作業等に使用する。

- その他

  指定された作業について、危険を防ぐ保護具の使用が定められている。

法令で定められた保護具以外にも、危険防止のために、各事業場で使用を定め

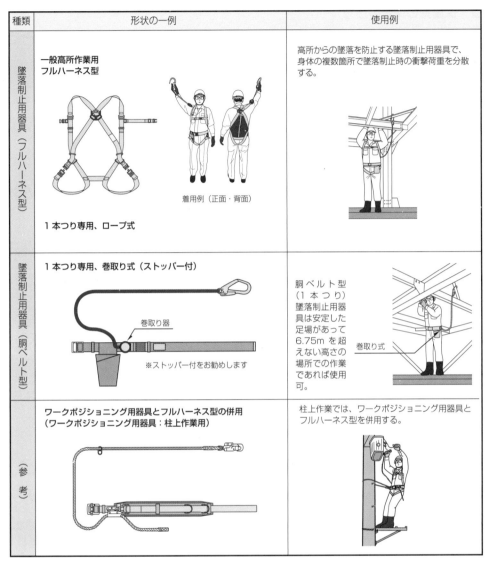

種類	形状の一例	使用例
墜落制止用器具（フルハーネス型）	**一般高所作業用 フルハーネス型** 着用例（正面・背面）　**1本つり専用、ロープ式**	高所からの墜落を防止する墜落制止用器具で、身体の複数箇所で墜落制止時の衝撃荷重を分散する。
墜落制止用器具（胴ベルト型）	**1本つり専用、巻取り式（ストッパー付）** 巻取り器　※ストッパー付をお勧めします	胴ベルト型（1本つり）墜落制止用器具は安定した足場があって6.75mを超えない高さの場所での作業であれば使用可。 巻取り式
（参　考）	**ワークポジショニング用器具とフルハーネス型の併用（ワークポジショニング用器具：柱上作業用）**	柱上作業では、ワークポジショニング用器具とフルハーネス型を併用する。

（出典：中野洋一著『なくそう！墜落・転落・転倒』（第8版）中央労働災害防止協会　2022年
（一部改変））

図 2-5-8　墜落制止用器具の種類と形状

ている保護具がある。手袋（軍手、革手袋等）等いろいろあるが、作業者は作業の際、決められた保護具を使用しなければならない。なお、保護具であっても手袋のように、作業によっては使用が禁止されている場合（ボール盤作業等）があり、職長は、保護具の使用について十分な配慮が必要である。

　安全の保護具は、衛生の保護具の点検と同様に、毎日作業に入る前に点検を行い、破損部分の有無、機能上の問題の有無を確かめ、異常のある場合は使用せずに、正規の品物を使用しなければならない。

ウ　保護具の保管の仕方

保護具が必要になったときに、いつでも清潔で有効な状態で使用できるようにしておくことが大切である。一般的な注意事項については、次に示す。

- 日の当たらない場所に保管すること
- なるべく風通しのよいところに保管すること
- 放熱体が近くにないところに保管すること
- 腐食性液体、油、化粧品、酸類などを同室に格納しないこと
- 砂や泥などで汚れている場合には、水洗いなどできれいにし、日陰で自然乾燥してから保管すること
- 汗などで汚れた場合には、洗濯などをして清潔にし、十分に乾燥してから保管すること
- 破損・劣化が認められる場合には、交換すること
- 交換時期（使用限度時間、製造元団体等の推奨時期など）を考慮し期限前に交換すること

エ　労働衛生保護具の点検のポイント

労働衛生保護具の種類別に点検チェックポイントの一例を示した（**表2-5-21**）。保護具は、毎日身につける前に各自でチェックすることが大切である。

表2-5-21　主な労働衛生保護具の点検のポイント

保護具の種類		点検のポイント		注意事項
眼の保護具	保護めがね、遮光保護具	レンズ	①ひび割れまたはキズがないか ②汚れていないか	ゴーグル型のものは、曇りに注意
		フレーム	①さびやネジのゆるみがないか ②亀裂などによって、レンズの保持力が低下していないか	
聴覚保護具	耳栓 耳覆い	耳孔への装着度はよいか、脱落しないか 耳の周囲に密着するか		
	防じんマスク、防じん機能を有する電動ファン付き呼吸用保護具（P-PAPR）	ア．ろ過材	①乾燥しているか ②定位置にセットされているか ③粉じんなどで汚れていないか ④型くずれしていないか	ろ過材の交換時期に注意（取替え式の場合）
		イ．面体	①破損箇所はないか　②汚れていないか ③劣化していないか	
		ウ．しめひも	①弾力性はあるか　②破損はないか ③長さは適当か	

呼吸用保護具		エ. 排気弁 （呼吸弁）	①作動は正常か　　②亀裂はないか ③異物の付着はないか	電動ファン付き呼吸用保護具の場合

呼吸用保護具		オ. ファンユニット	①汚れていないか ②破損、腐食、傷等はないか	電動ファン付き呼吸用保護具の場合
		カ. バッテリー	①汚れていないか　②破損はないか ③液漏れはないか　④満充電になっているか ⑤予備のバッテリーはあるか	
	防毒マスク、防毒機能を有する電動ファン付き呼吸用保護具	ア. 吸収缶	①対象ガスに適合しているか ②無効あるいはそれに近い状態でないか	
		イ. 面　体	防じんマスクに同じ	
		ウ. ヘッドハーネス	〃　のしめひもに同じ	
		エ. 排気弁	①弁の作動は正常か ②脱落、ゆるみはないか ③弁部の破損はないか	
		オ. 連結管	①劣化していないか ②亀裂、破損はないか ③詰まりはないか	
		カ. ファンユニット	P-PAPR に同じ	電動ファン付き呼吸用保護具の場合
		キ. バッテリー	P-PAPR に同じ	
	送気マスク（ホースマスク、エアラインマスク）	ア. 面　体	防じんマスクに同じ	
		イ. しめひも	〃　に同じ	
		ウ. ホース	破損箇所はないか	
		エ. 空気取り入れ口	目詰まりしていないか	肺力吸引形ホースマスクの場合
		オ. 送風機（コンプレッサー）	正常に作動するか	エアラインマスクの場合
		カ. 空気ボンベ（圧縮空気管）	圧力は適正か	
手の保護具			酸、アルカリ、熱、化学物質等の用途に合っているか材質の確認 変色、変形、キズ、ひび割れ、老朽化傾向はないか 身体部位に密着するか	ごく微小なキズに注意

呼吸用保護具の選択

マスクは顔によくフィットするものを！

検定合格標章確認！

国(令5)検 第378号 DR「直」

国(令5)検 第M19号 DR「直」RL3

取扱説明書・データなどを確認！

作業環境に合ったマスクを選定！

（3）健康管理

　健康管理は、健康診断およびその結果に基づく事後措置、健康測定結果に基づく健康指導まで含めた幅広い内容を持っている。職長は、日頃から、作業者の健康状態を注意して観察し、あるいは問いかけ等を行うように心がけ、産業医や保健師など専門家の意見を積極的に取り入れて、作業者の健康障害を未然に防ぐとともに、さらに、健康増進につながるような施策に取り組むことが必要である。

　労働衛生管理は、上述した３管理の視点より総合的に進めなければならないが、それぞれの健康障害に対応して対策の重点やポイントも異なってくる。健康障害と対策の関係は、**表 2-5-22** のようにまとめることができる。

表 2-5-22　健康障害と対策の関係

分　　類		個 別 疾 病	３ 管理よりみた主要な対策・手段		
			作業環境管理	作業管理	健康管理
職業性疾病	急性疾病	一酸化炭素中毒、酸素欠乏症、熱中症、有機溶剤中毒等		作業時の対応（換気・監視・測定）資格者の配置救急体制	
	慢性疾病	金属中毒じん肺、有機溶剤中毒　等	環境改善（局排等）	作業時間作業方法の改善保護具　等	特殊健康診断
作業関連疾患	肉体的疲労	頸肩腕症候群眼精疲労（情報機器作業等）腰痛（重量物取扱い作業等）	照度調節騒音対策温熱対策等	労務管理作業姿勢改善重筋労働対策　等	健康診断
	精神的疲労	仕事に起因するメンタルヘルス不調等	快適職場づくり		THP活動

※　作業関連疾患は、作業要因だけでなく、生活習慣や遺伝など個人的要因も健康障害の原因となる。

3　作業環境改善の手順等

　リスクアセスメントの手法を用いて作業環境改善を図る。

　有害物質、有害エネルギーに対する職場環境の具体的な改善手法は、**図 2-5-9** にみられるように各種の手段があるが、一般に広く採用されているのは、局所排気装置等の設置である。作業環境改善を進める具体的手順を次に示す。

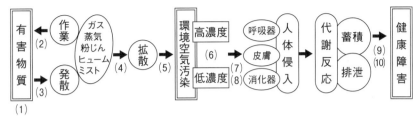

(1) 有害物質の製造、使用の中止、有害性の少ない物質への転換
(2) 生産工程、作業方法の改良による有害物質の発散の防止
(3) 設備の密閉化、自動化、遠隔操作、有害工程の隔離 — 工学的対策
(4) 局所排気等による汚染物質の拡散防止 （作業環境管理）
(5) 全体換気による汚染物資の希釈排出
(6) 作業環境測定による管理状態のチェック
(7) 作業方法、姿勢等による異常ばく露の防止 — 個別管理的対策
(8) 臨時作業等に対する保護具の使用による人体侵入の防止 （作業管理）
(9) 雇入れ時の特殊健康診断による適正配置の確保 — 医学的対策
(10) 定期の特殊健康診断による異常の早期発見と治療 （健康管理）

図 2-5-9　有害物質による健康障害の発生経路と防止対策
（出典：『衛生管理（上）第 1 種』（第 13 版）中央労働災害防止協会　2023 年（一部改変））

（1）改善対象の特定

実態を調査し、問題点を把握する。検討に当たり次のような資料が参考となる。
また、把握方法についてもその「仕組み」をつくることが必要となる。

① 改善対象を検討するとき参照する資料

- 作業の種類と工程

- 作業設備および機械の種類、設置数、稼働状況

- 原材料の性状と取扱量、危険有害性の程度（SDS（安全データシート）で確認）

- 作業者数、作業位置、作業時間

- 有害物、有害エネルギーの発生源とその状況

- 作業場の気流、採光、照明、気温、湿度、騒音、粉じん、気圧、酸欠など

- 換気・排気装置の種類、設置数、性能の状況

- 作業者の健康障害発生状況

- 作業者の出勤状況

- 作業環境測定結果

② 改善対象の抽出

改善対象の抽出には次のような工夫が必要である。

- 目的を環境改善の必要な作業に絞った職場パトロールを実施する。

- 職場の作業者の問題意識を高めるために、特に改善の必要を感じている作業を
  ワースト 3 として挙げさせる。

③　改善対象の決定

　　作業環境測定結果に基づく評価結果は、職場環境改善要否の決定に大きなポイントとなる。また、日頃から大きな負担を感じているやりにくい作業を頻度と負担の大きさの両面から数値で評価し、優先順位を決める方法もよく応用されている。

（2）対策を検討する

①　有害物質に対する対策

- 無害な原材料の代替使用
- 有害な作業設備の密閉
- 有害な工程の隔離
- 有害物の発散、飛散の抑制など
- 有害な生産工程の変更、改良
- 有害な作業方法の変更、改良
- 排気（局所・全体）

②　有害エネルギーに対する対策

- 有害エネルギーを発しないか、または発生の少ない機械の採用
- 作業方法、工程、材料等の変更・改良
- 有害エネルギー発生源の遮断
- 有害エネルギー発生源と作業者の隔離
- 散乱エネルギー、反射エネルギーの吸収

（3）実施計画立案、推進

　作業環境改善は、通常多額の経費を伴うので、問題点の多いものから長期計画を策定し、進める必要がある。今日では、問題点の定量的評価としてリスクアセスメントの手法を取り入れ、優先度を決める方法が広く採用されている。

（4）改善効果の確認

　改善後は必ず、作業環境測定等を通して、改善効果を確認しなければならない。このような改善処置は、比較的専門知識を必要とするものが多く、衛生管理スタッフの仕事と考えられがちであるが、問題が起きるのは現場であり、職長も積極的に参画して意見を述べる、または実現のために協力することが必要である。

4　快適職場づくり

　今日では、近年のめざましい技術革新、情報化の進展による作業態様等の変化から、慢性的な疲労やストレスなど産業疲労対策のニーズが生まれていることはすでに述べたところである。労働に伴う疲労やストレスを感じることの少ない働きやすい、疲れにくい、環境がいい、雰囲気がいい、気持ちよく働ける快適な職場環境の形成を目指した「快適職場づくり」の推進が重要となる。その中心は、作業環境管理と作業管理の項目となる。

（1）作業環境管理

①　作業を行う場所の空気、温熱、騒音、振動等、その他の環境を適切な状態に管理する。

②　心身の疲労回復を図るための施設・設備の配置・整備
　　休憩室など、作業の疲れを取るための施設・設備を設置し、清潔で使いやすいように整備する。

③　その他の施設・設備の維持管理
　　洗面所など、働く人の職場生活に必要な施設・設備を配置し、清潔で使いやすいように整備する。

（2）作業管理

①　作業方法の改善
　　働く人にとって作業がしやすいように配慮する。

②　労務管理への配慮
　　仕事量、人間関係への対応を図る。

（3）快適職場づくりに取り組むとき留意すること

①　継続的かつ計画的な取組み
　　快適職場の考え方は、社会経済状況や人々の意識の変化、技術の進歩などにより変化するだけに、絶えず見直しをすることが大切である。

②　働く人たちの意見の反映
　　職場で働く人の意見ができるだけ尊重され、働く側に立った視点での検討が望まれる。

③ 個人差への配慮

　加齢に伴い個人差が大きくなっており、作業管理、作業環境管理の施策の実行に当たり個別管理の視点より対応する。

④ 潤いへの配慮

　職場は、生産の場として、機能的であることが求められるが、同時に生活の場としてなるべく潤いをつくり、緊張をほぐすような配慮が大切である。

(4) 受動喫煙の防止

　受動喫煙による健康への影響は、肺がんや心筋梗塞等の心血管系疾患のリスクの増加、また、肺機能低下等の悪影響等が考えられている。

　職場における受動喫煙防止対策については、平成30年の健康増進法の改正を受けて新ガイドライン※が公表され、原則敷地内禁煙（第一種施設）や原則屋内禁煙（第二種施設）などが示されている。通常の事務所等は第二種施設に該当する。

　職長は、事業者・管理者と協力して、次のような対策を進める必要がある。

① 未成年者には喫煙可能な場所には立ち入らせないよう措置し、妊婦等にも格別な配慮を行う。

② 現状を把握した結果、適切な措置を実行する（全面禁煙、喫煙室の設置による空間分煙、教育・指導の実施等）。

（※「職場における受動喫煙防止のためのガイドライン」（令和元年7月1日付け基発0701第1号））

5　健康の保持増進

　健康は、自分自身で守ることが原則であるが、職場には作業者の努力だけでは取り除くことができない健康障害要因、ストレス要因、また疾病の増悪要因があり、作業者の自助努力とともに職場管理が重要となる。また、作業者の生活習慣病の予防対策として健康教育や健康相談等を実施し、健康な生活習慣への行動変容を目指すTHP（トータル・ヘルスプロモーション・プラン：心とからだの健康づくり）を進めることが必要である。

(1) 健康診断および事後措置の確実な実施

　作業者の健康を確保するために、さまざまな健康診断が実施されている。したがっ

て、必要な健康診断を確実に受診し、自らの健康状態について知り、必要に応じて健康指導を受けるなどの事後措置を行わなければならない。

(2) THP活動の推進

THPとは、「事業場における労働者の健康保持増進のための指針」に沿って行われる、すべての働く人を対象にした総合的な健康づくり活動であり、その内容は働く人一人ひとりの健康状況に基づいて実施する健康教育等である。事業場においては、健康診断、運動指導、メンタルヘルスケア、栄養指導、保健指導等の実施を含む健康保持増進計画を策定し、衛生管理者、衛生推進者等から選任された健康増進計画の総括的推進担当者を中心に、PDCAサイクルによりTHPを推進することが求められている。

健康づくりの具体的方法としては、健康診断結果等に基づく個別の健康指導のほか、就業時間の合間や休憩時間等を利用した健康教育や健康相談、社内報による健康情報の提供、ウォーキング大会など健康づくりイベントやキャンペーンの実施などがある。

(3) 職長による日常の健康管理

一人ひとりの健康状態は、それぞれ個別で日々、時々刻々変化している。そしてそれが不安全行動や事故・災害につながることがある。これを防ぐには、主として始業時のミーティングの際に、作業者自らに健康状況を自己チェックさせて申告させたり、部下の作業者一人ひとりの健康状況をよく観察したり、問いかけたりして把握し、適切な指導および必要な措置（健康KY）を行うことが大切である。

また、朝、作業者同士の「あいさつ」、「話しかけ」時の表情は、その人の心身の健康状態が投影されていることが多いので、朝礼は、健康管理上重要なポイントとなる。

(4) 健康チェックは自分で点検を（ヘルスチェック）

　健康は、自分自身で守ることが原則である。作業者は、自分自身の健康状態に「毎日のヘルスチェックリスト」等により、日頃から注意を払うことが重要である（**表2-5-23**）。

表 2-5-23　毎日のヘルスチェックリスト

	項　目	点　数
1	通勤の足取りは軽かったか	
2	気分よく仕事を始められたか	
3	午前中の勤務時間を短く感じたか	
4	昼食をおいしく食べたか	
5	昼休みに運動したか	
6	午後の仕事を気持ちよく始めたか	
7	業間体操を実行したか	
8	終業のベルが早く鳴ったと思ったか	
9	今日の仕事はすべて片付いたか	
10	仕事上のミスはなかったか	

〈各質問項目に対して〉
- 3点……とてもよくできた（感じた）
- 2点……まずまずできた（感じた）
- 1点……あまりできなかった（感じなかった）
- 0点……できなかった（感じなかった）

〈健康状態のめやす〉
- 25点以上……すぐれた健康状態
- 15～24点……まずまずの健康状態
- 15点未満……疲労傾向の状態

(5) メンタルヘルス

　最近の経済情勢を反映し、就業環境、就労条件、労働内容が大きく変容してきており、人員の削減や企業の再編に伴う業務の負荷等により、職場におけるストレス要因（ストレッサー）が増加し、「心」の健康を損なう労働者が増加していると考えられる。厚生労働省の「令和4年労働安全衛生調査」では、仕事や職業生活で「強い不安、悩み、ストレスがある」とする労働者が8割以上を占め、その内容の上

表 2-5-24　仕事や職業生活に関する強いストレスの内容別労働者の割合
（主なもの3つ以内を選択）

仕事の量	仕事の失敗、責任の発生等	仕事の質	対人関係（セクハラ・パワハラを含む。）	会社の将来性
36.3%	35.9%	27.1%	26.2%	23.1%

（資料出所：「労働安全衛生調査」厚生労働省）

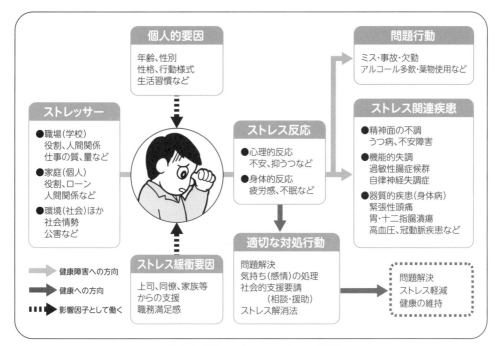

図 2-5-10　ストレスと病気の関係
（出典：『こころのリスクマネジメント〈勤労者向け〉—あなたとあなたの周囲の人のために—』（第 3 版）
産業医科大学産業生態科学研究所精神保健学研究室編　中央労働災害防止協会　2018 年）

位 5 項目は**表 2-5-24** のとおりである。

　このような状況から「労働者の心の健康の保持増進のための指針」（平成 18 年 3 月 31 日　健康保持増進のための指針公示第 3 号。改正：平成 27 年 11 月 30 日　同指針公示第 6 号）が厚生労働省から公表された（**図 2-5-11**）。この指針に基づき、事業者は職場におけるさまざまなストレス要因によって引き起こされるメンタルヘルス不調（神経症、心身症、うつ病等）に対して組織として計画的、継続的に取り組むことが求められている。

　「心のケア」については、可能な限り、早期の対応が望ましく、そのため、「気付きを援助する」ことの意識づけやその対処手法をあらかじめ確立しておくことが重要である。職長は、日々作業者に接して、作業者の心身の健康状態やその変化を知ることができ、直接作業の指示や命令を行うことから現場の監督者として「ラインによるケア」を行う立場にある。

　①　日常的に部下と接する現場の職長が行うケア

　　• 職場環境等の問題点の把握と改善

　　•「いつもと違う」部下の把握と対応

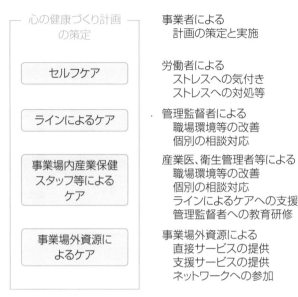

図 2-5-11　心の健康の保持増進のための指針の要点

- 部下からの相談への対応
- メンタルヘルス不調の部下の職場復帰への支援

② 職長の具体的アクションとして

- 日頃の気配りと「いつもと違う」への気付き（勤怠面、業務面、生活面）
- 声掛け
- 話を聴く（聞き上手になる、傾聴法）
- 産業医、産業保健スタッフにつなげる

メンタルヘルスの予防対策としては、職場でお互いに本音で話ができる等、コミュニケーションが十分なされる「明るい職場づくり」が望まれ、職長はそのための工夫

「いつもと違う」部下の様子（例）
・ 遅刻、早退、欠勤が増える
・ 休みの連絡がない（無断欠勤がある）
・ 残業、休日出勤が不釣合いに増える
・ 仕事の能率が悪くなる。思考力・判断力が低下する
・ 業務の結果がなかなか出てこない
・ 報告や相談、職場での会話がなくなる（あるいはその逆）
・ 表情に活気がなく、動作にも元気がない（あるいはその逆）
・ 不自然な言動が目立つ
・ ミスや事故が目立つ
・ 服装が乱れたり、衣服が不潔であったりする

（出典：『事業場内メンタルヘルス推進担当者 必携』（第 5 版）中央労働災害防止協会　2019 年）

表 2-5-25 　主要なストレッサー

① 　職場での出来事

1) 　仕事の量の問題（長時間労働、過重労働など）

2) 　仕事の質の問題（IT化、システムの変更、責任の重い仕事など）

3) 　役割・地位の変化（昇進、降格、配置転換、出向など）

4) 　仕事上の失敗・トラブル・損害や法律問題の発生

5) 　人間関係の問題（上司・部下間、同僚間、部署間、顧客との関係、ハラスメントなど）

6) 　仕事の適性の問題（能力や性格の問題など）

7) 　努力と報酬のバランス（給料が低い、評価が低い、雇用が不安定など）

8) 　職場での不公平な扱い（意思決定に参加できない、情報提供してもらえないなど）

② 　職場以外での出来事

1) 　自分の出来事（病気、家庭内の不和、隣人とのトラブル、事故、災害など）

2) 　家族、親族、友人の出来事（死、病気、介護問題、非行など）

3) 　金銭問題（多額の借金・損失、ローン、収入減など）

4) 　住環境の変化（転居、騒音など）

（出典：『こころのリスクマネジメント〈管理監督者向け〉―部下のうつ病と自殺を防ぐために―』（第 4 版）
産業医科大学産業生態科学研究所精神保健学研究室編　中央労働災害防止協会　2016 年）

等を行う必要がある。なお、職長がラインによるケアを行う場合には、個人のプライバシーに十分に配慮するとともに、「本人の気付きを援助する」レベルにとどめ、自分の手に負えないと思った場合は、直ちに上司や産業医等に任せることが重要である。

　また、平成 27 年より労働者のストレスの程度を把握するストレスチェック制度（**図 2-5-12**）が法制化された。事業者にとって、メンタルヘルス対策は、避けて通れない安全衛生上の課題となっている。

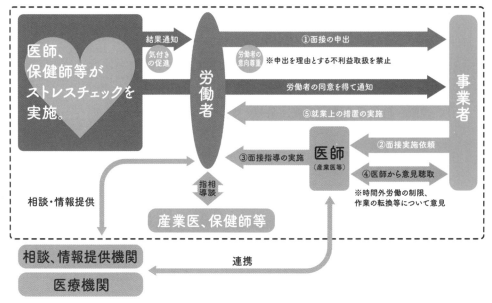

図2-5-12　ストレスチェック制度の流れ

●まとめと討議テーマ●

●まとめ

1　急性疾病対策

　　一酸化炭素中毒、酸素欠乏症、有機溶剤中毒、熱中症等のような急性疾病対策は、作業するときに注意が必要となり、死亡災害に直結するだけに職長にとって最も注意しなければならない。

2　慢性疾病対策

（1）作業環境改善

　①　職場の作業環境のどこに問題があるか作業環境測定などにより正確に把握する。

　②　改善計画を職場の安全衛生実行計画にのせる。

　③　現場での改善には、全員参画させる。

　④　改善計画の進捗を管理する。

　⑤　局所排気装置等の設備の維持管理を確実に実施する。

（2）作業管理

　①　作業方法等の改善により作業の負担を軽減する。

　②　保護具の管理、装着の徹底を図る。

（3）健康管理

① 特殊健康診断を確実に受診させる。

② 健康診断結果を確実に把握し、実施後の措置の徹底を図る。

3　産業疲労対策

（1）作業環境改善

① 職場の設備、作業のどこに疲労の原因となる問題があるか把握する。

② 負担軽減の改善計画を職場の安全衛生実行計画にのせる。

③ 現場での改善には、全員参画させる。

④ 改善計画の進捗を管理する。

（2）作業管理

① 作業姿勢、作業時間から疲労の原因となる問題点を把握する。

② 負担軽減の改善計画を職場の安全衛生実行計画にのせる。

③ グループ内のコミュニケーションを図ることについて配慮する。

4　生活習慣病対策

① 健康診断を確実に受診させる。

② 健康診断実施の有無を確実に把握し、実施後の措置の徹底を図る。

③ 部下が、どのような健康状態にあるか把握する。

④ 有所見者、投薬者、治療者等については、継続治療等を実施しているか把握する。

⑤ 心身両面の保健指導等を推進する。

●討議テーマ

① 急性疾病対策の管理体制は、職場の実態に則しているか。

② 有害物質取扱い作業の衛生管理は、どのように行っているか。

③ 局所排気装置等の稼働状況を調べ、問題点を整理する。

④ 快適職場づくりのために、どのような活動をしているか。

⑤ 健康増進対策など健康への配慮のために、どのような活動をしているか。

第 **6** 章 　整理・整頓と安全衛生点検

この章で学ぶこと

第1に、安全衛生の基本である整理・整頓の意義と効果的な進め方について、第2に、何のために安全衛生点検をするのか（点検の意義）を理解し、効果的な安全衛生点検を進めるための具体的な方法について学ぶ。

1　整理・整頓の進め方

整理・整頓は、安全衛生の基本である。整理・整頓の徹底していない事業場は、安全衛生の面でも徹底していないといっても言い過ぎではない。

整理と整頓にはそれぞれ異なった意味がある。

（1）整理・整頓の考え方

- 整理とは、必要な物と不要な物を区分し、不要な物を処分することである。
- 整頓とは、必要な物の置き場所、置き方、並べ方を決め、使いやすく、わかりやすく整えて置くことである。

整理・整頓は、安全衛生の第一歩といわれるくらい大切なことである。

表2-6-1　整理・整頓の悪い職場

職場に不要物がたまり、片付かない。 職場が狭くなり、ムリな姿勢になるなど不安全行動の原因となる。 置き場と作業場の区別がはっきりしなくなる。 職場が乱雑になり、不快感を与える。 必要な物を探すのにムダな時間がかかる。

（2）整理・整頓の進め方

整理・整頓・清掃・清潔の4つの頭のSをとり、これらの活動を4S活動（運動）といっている。また、これにしつけを加え5S活動と称している事業場もある。こ

104

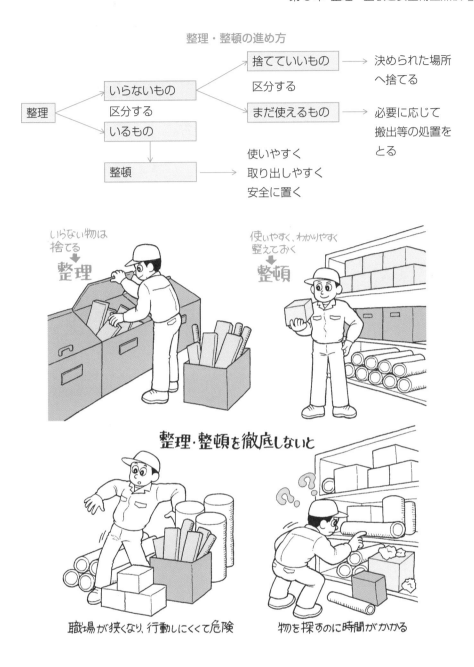

整理・整頓の進め方

こでいう「しつけ」とは4S「整理・整頓・清掃・清潔」を事業場として継続的に習慣づけることである。

　いずれにせよ、これらの活動は整理・整頓を身につける活動であり、職長の率先垂範と厳しさがないとできない。

　また、職場の整理・整頓はみんなの協力で進めることが重要である。

　そのためには、次のように基準を明確にし、場所または物に対し責任者をはっき

整理・整頓のポイント

1 スクラップ、ウエス、ガラス、紙くず その他のくず類は、決められた場所、決められた容器に捨てる。

2 機械のまわりや配電盤、消火栓、消火器などの前に物を置かない。

3 階段、通路、出入口、非常口には物を置かない。

4 通路にはみ出して物を置かない。

り決めることがポイントであり、定期的に"どのようにやっているか"をチェックし、必要により改善することを忘れてはならない。

　ア　必要な物と不要な物の判断基準を示す。

　イ　受持区域に責任を持つ。

　ウ　整頓の仕方を決める。

　エ　担当する工具、器具には責任を持つ。

　オ　掃除当番は責任を持って掃除をする。

⑤ 部品、工具など区別して、決められた場所に置く。

⑥ 必要な器具は種類別にそろえて置く。

⑦ 決められた置き場、置き方、積み方を守る。

⑧ 不要な書類等を積み上げておかない。

2 安全衛生点検の意義

作業設備は、使用するにつれて、最初に計画した状態（基準の状態）からだんだんとずれてくる。たとえば、ポンプやブロワーのような回転機械では、軸を支える軸受の温度は運転によって上がってくるが、正常な状態であれば、発生する摩擦熱と放散する熱がバランスを保って、一定の温度（平衡温度）を保つようになる。しかし、潤滑油が劣化したり、軸受に異常があって焼き付きを起こしたりすれば、軸受の温度は正常の範囲を超えて上昇する。これは「異常な状態」で早期に発見して対策を講ずる必要がある。

また、職場で働いている作業者も、疲労や心理的な圧迫感から、正しい作業手順を無視して不安全な行動をするようになる。これも基準からずれた「異常な状態」である。

これらの異常な状態を早期に発見して是正することが、安全衛生点検の意義である。また機械・設備の点検は、クレーン、局所排気装置等に代表されるように、法令によって点検要件（項目、期間、点検者等）が定められているものもある。

設備の日常点検

　毎日の作業の中で作業設備の点検は、作業の流れに従って、その時どきに適合した内容を織り込んだものでなければならない。

（1）作業開始前点検

　作業開始前の点検（始業点検ともいう）は、その日の作業が安全に行えるかどうかを仕事にかかる前にチェックするもので、点検の中でも最も重要な意味を持っている。

　始業点検は法令に定める危険有害設備はもちろんのこと、ハンマーやスパナのような手工具に至るまで必ず行うことが必要である。ここでは、比較的身近な機械設備について、法令で定める始業点検の項目を示す（**表 2-6-2**）。

表 2-6-2　法令に定める作業開始前点検（例）

フォークリフト（安衛則第 151 条の 25）	クレーン（クレーン則第 36 条）	プレス（安衛則第 136 条）
1　制動装置および操縦装置の機能 2　荷役装置および油圧装置の機能 3　車輪の異常の有無 4　前照灯、後照灯、方向指示器および警報装置の機能	1　巻過防止装置、ブレーキ、クラッチおよびコントローラーの機能 2　ランウエイの上およびトロリが横行するレールの状態 3　ワイヤロープが通っている箇所の状態	1　クラッチおよびブレーキの機能 2　クランクシャフト、フライホイール、スライド、コネクチングロッドおよびコネクチングスクリューのボルトのゆるみの有無 3　一行程一停止機構、急停止機構および非常停止装置の機能 4　スライドまたは刃物による危険を防止するための機構の機能 5　プレス機械にあっては、金型およびボルスターの状態 6　シャーにあっては、刃物およびテーブルの状態

（2）作業中における点検（中間点検）

　作業中にも、機械設備に対する点検を怠ってはならない。特に高温溶融物を扱う

ような過酷な作業条件や危険有害物質を扱う設備などでは、破損変形や漏えいに対する配慮が必要である。酸素欠乏等の作業では、作業の再開時に酸素の濃度測定が必要である。また、足場や作業構台等の設備においては悪天候や中震（震度4）以上の地震後には点検が必要である。屋外に設置するクレーンでは、瞬間風速が毎秒30メートルを超える風が吹いた後または中震（震度4）以上の地震の後でクレーンを使用して作業する場合には、各部分の異常の有無を点検しなければならない（クレーン則第37条）。

　以上のように作業環境の急激な変化に対しても点検を義務付けている設備・機械等があるので確認が必要である。

（3）作業後における点検（終業点検）

　作業終了後は、整理整頓とともに作業者から機械設備の状況の報告を受け作業中の記録などを参照して、異常や気になる点があれば、職長自ら現地・現物を確認するなど翌日の作業に支障のないように努めなければならない。

4　設備の定期検査

（1）事業者が行う定期検査

　事業者が行うべき設備の検査・点検には、前節で述べた日常点検のほかに、一定の期間毎に行われる定期検査として、以下のものがある。

　① 定期自主検査

　　ボイラー、つり上げ荷重0.5トン以上のクレーンなど危険な機械設備については、その種類に応じて1カ月から3年以内ごとに定期に行う点検（労働安全衛生法第45条第1項に定める定期自主検査）を実施し、その記録を3年間保存しておくことが必要である（**表2-6-3**）。

　② 特定自主検査

　　定期自主検査の対象となる機械設備の中で、動力プレス、フォークリフト、車両系建設機械等の、危険な機械設備については、1年から2年以内ごとに定期に行う点検（労働安全衛生法第45条第2項に定める特定自主検査）を実施し、その記録を3年間保存することが必要である。

表 2-6-3　定期自主検査の必要な機械等（安衛法第 45 条）

対　象　機　械　等	関　係　規　則	実　施　の　時　期
ボ　　　　イ　　　　ラ　　　　ー	ボ則第32条	1月以内ごと、使用再開時
小　型　ボ　イ　ラ　ー	ボ則第94条	1年以内ごと、使用再開時
第　1　種　圧　力　容　器	ボ則第67条	1月以内ごと、使用再開時
第　2　種　圧　力　容　器	ボ則第88条	1年以内ごと、使用再開時
小　型　圧　力　容　器	ボ則第94条	1年以内ごと、使用再開時
クレーン(つり上げ荷重0.5トン以上)	ク則第34条 ク則第35条	1年以内ごと、使用再開時 1月以内ごと、使用再開時
移 動 式 ク レ ー ン(つり上げ荷重0.5トン以上)	ク則第76条 ク則第77条	1年以内ごと、使用再開時 1月以内ごと、使用再開時
デ　リ　ッ　ク(つり上げ荷重0.5トン以上)	ク則第119条 ク則第120条	1年以内ごと、使用再開時 1月以内ごと、使用再開時
エ レ ベ ー タ ー(積載荷重0.25トン以上)	ク則第154条 ク則第155条	1年以内ごと、使用再開時 1月以内ごと、使用再開時
建 設 用 リ フ ト(ガイドレール10メートル以上)	ク則第192条	1月以内ごと、使用再開時
簡 易 リ フ ト（積載荷重0.25トン以上）	ク則第208条 ク則第209条	1年以内ごと、使用再開時 1月以内ごと、使用再開時
ゴ　　　ン　　　ド　　　ラ	ゴ則第21条	1月以内ごと、使用再開時
＊ 動 　力 　プ 　レ 　ス 　機 　械	安則第134条の3 ＊安則第135条の3	1年以内ごと、使用再開時
動　力　シ　ャ　ー	安則第135条	1年以内ごと、使用再開時
遠　心　機　械（動力駆動）	安則第141条	1年以内ごと、使用再開時
＊ フ 　ォ 　ー 　ク 　リ 　フ 　ト	安則第151条の21 安則第151条の22 ＊安則第151条の24	1年以内ごと、使用再開時 1月以内ごと、使用再開時
シ ョ ベ ル ロ ー ダ ー	安則第151条の31	1年以内ごと、使用再開時
フ ォ ー ク ロ ー ダ ー	安則第151条の32	1月以内ごと、使用再開時
ス ト ラ ド ル キ ャ リ ヤ ー	安則第151条の38 安則第151条の39	1年以内ごと、使用再開時 1月以内ごと、使用再開時
＊ 不 　整 　地 　運 　搬 　車	安則第151条の53 安則第151条の54 ＊安則第151条の56	2年以内ごと、使用再開時 1月以内ごと、使用再開時
＊ 車 　両 　系 　建 　設 　機 　械	安則第167条 安則第168条 ＊安則第169条の2	1年以内ごと、使用再開時 1月以内ごと、使用再開時
＊ 高 所 作 業 車（作業床の高さ2メートル以上）	安則第194条の23 安則第194条の24 ＊安則第194条の26	1年以内ごと、使用再開時 1月以内ごと、使用再開時
電　気　機　関　車　等	安則第228条 安則第229条 安則第230条	3年以内ごと、使用再開時 1年以内ごと、使用再開時 1月以内ごと、使用再開時
化 学 設 備 及 び そ の 付 属 設 備	安則第276条	2年以内ごと、使用再開時
乾 燥 設 備 及 び そ の 付 属 設 備	安則第299条	1年以内ごと、使用再開時
アセチレン溶接装置及びガス集合溶接装置	安則第317条	1年以内ごと、使用再開時
絶　　縁　　用　　保　　護　　具 絶　　縁　　用　　防　　具 活　線　作　業　用　装　置 活　線　作　業　用　器　具	安則第351条	6月以内ごと、使用再開時
局所排気装置、プッシュプル型換気装置、除じん装置、排ガス処理装置、排液処理装置	有則第20、20条の2 鉛則第35条 特化則第30条 粉じん則第17条 石綿則第22条	1年以内ごと、使用再開時
特 定 化 学 設 備 及 び そ の 附 属 設 備	特化則第31条	2年以内ごと、使用再開時
透 過 写 真 撮 影 用 ガ ン マ 線 照 射 装 置	電離則第18条の5	1月以内ごと、使用再開時
透過写真撮影用ガンマ線照射装置(線源容器)	電離則第18条の6	6月以内ごと、使用再開時

（注）1　使用再開時とは、使用を中止していたものを再び使用する場合自主検査が必要なもの。
　　　2　＊は特定自主検査（一定の資格者による検査）対象機械（関係規則に＊を付記）。

この特定自主検査は、専門的な知識と技能が要求されるため、特定の資格を有するもの、あるいは、厚生労働大臣または都道府県労働局長に登録した検査業者が実施することになる。

（2）国等が行う検査

事業者が行う定期自主検査のほかに、より専門的な知識、技術を有する、国の検査官や登録を受けた「登録検査機関等」が実施する検査がある。

この検査のうち、主なものとして以下のものがある。

① 性能検査

ボイラー、つり上げ荷重 3.0 トン以上のクレーンなど特に危険な機械設備（特定機械等）については、一定の期間ごとに国の登録を受けた「登録性能検査機関」が行う検査を受ける必要があり、検査結果から得られた「検査証の有効期間内」でなければ使用できない。（労働安全衛生法第 41 条）

② 変更検査、使用再開検査

性能検査の対象となっている特定機械等で、構造部分に変更を加えた場合や、使用を休止していたものを再び使用する場合には、国の行う検査を受けなければならない。（労働安全衛生法第 38 条）

したがって、これらの機械設備を扱う職長の立場としては、特定機械等の検査証の有効期間等を確認するとともに、定期自主検査指針に照らして検査の結果をよく理解し、問題があれば適切な措置をとる。また、特定自主検査の検査標章を（当該機械設備の）見やすい箇所に貼って作業者に周知徹底するよう努めることが大切である。

いずれにせよ、自分の職場にある機械設備について、日頃からその特性を十分に理解しておくことが必要である。**表 2-6-4** に、フォークリフトの定期自主検査の例を示す。

表 2-6-4　フォークリフトの定期自主検査（安衛則第 151 条の 21、第 151 条の 22）

1　年次自主検査（安衛則第 151 条の 21）
（1）圧縮圧力、弁すき間その他原動機の異常の有無 （2）デファレンシャル、プロペラシャフトその他動力伝達装置の異常の有無 （3）タイヤ、ホイールベアリングその他走行装置の異常の有無 （4）かじ取り車輪の左右の回転角度、ナックル、ロッド、アームその他操縦装置の異常の有無 （5）制動能力、ブレーキドラム、ブレーキシューその他制動装置の異常の有無 （6）フォーク、マスト、チェーン、チェーンホイールその他荷役装置の異常の有無 （7）油圧ポンプ、油圧モーター、シリンダー、安全弁その他油圧装置の異常の有無 （8）電圧、電流その他電気系統の異常の有無 （9）車体、ヘッドガード、バックレスト、警報装置、方向指示器、灯火装置及び計器の異常の有無
2　月次自主検査（安衛則第 151 条の 22）
（1）制動装置、クラッチ及び操縦装置の異常の有無 （2）荷役装置及び油圧装置の異常の有無 （3）ヘッドガード及びバックレストの異常の有無

5　安全衛生点検の仕組みと効果的な進め方

　点検は、管理のサイクル（PDCA）の各ステップを確実に踏んでいくことにより、効果的に進めることができる。点検の基本的な仕組みを**表 2-6-5**に示す。

表 2-6-5　安全衛生点検の基本的な仕組み（P・D・C・A）

P	定期自主検査（年次、月次）計画に検査予定を盛り込む。 始業点検のような毎日の点検は作業計画に入れる。 点検に必要なチェックリストを準備する。
D	点検の実施を指示する。朝礼などで関係する作業者全員に周知させる。 点検実施者は有資格または教育を受けた者が行う。
C	点検実施者は点検中に判定基準に照らして異常がないか確認し、チェックリストに記録し、報告する。 場合によっては直ちに適切な措置をとる。
A	職長は報告を受け、異常には措置をとる。異常には至らないが、気がかりな点があれば現場で確認し、以後の変化に注意するよう指示する。 点検結果を関係者全員に周知させる。

（1）チェックリスト

　点検はチェックリストを用いて、現場で現物を見ながら行われるものであるから、

それを使う人の身になって、すなわち点検者に過大な労力を強いることなく、正確で継続的な点検ができるようにつくられたものでなければならない。その要件を**表2-6-6**に示す。

表2-6-6　チェックリストの要件

項　　目	要　　　　件
①　点検項目	必要最小限とする。必要以上に項目が多すぎると手抜きが多くなる。
②　点検内容	できるだけ数値で表せるようにして、点検しやすくする。
③　判断基準	正常な範囲と異常の判断基準を示す。
④　点検順序	点検項目を作業の順序に従って設定し、点検がスムーズに行えるようにする。
⑤　見直し改訂	点検結果に基づいて、チェックリストの見直しを行う。（例えば、劣化や異常の発生状況による点検周期の延長または短縮。）

　始業点検時のチェックリストの例を**表2-6-7**に示す。

表2-6-7　チェックリストの例

動力シヤー始業点検表		点検年月	年　　　　月

安全管理者	所　属	課　長	安全主任	勤務区分	職　番	点検責任者	確認責任者
						印	印
						印	印

| 使用課 | | | 設置場所 | |

装置	順番	点　検　項　目	判　定　基　準	点検日 1	2	3	4	5	6	7	8
安全装置	1	切断部の安全ガード	手指が入らないようになっているか								
	2	ペダルの安全装置	取り付けてあるか、機能はよいか								
	3	ベルト・プーリー等	安全カバーは取り付けてあるか								
機械装置	1	クラッチ	作動は正常か								
	2	ブレーキ	機能はよいか								
	3	各　部	給油状態はよいか								
	4	ベルト	損傷はないか、継目に突起はないか								
電気関係	1	スイッチ等	機能は確実か								
	2	アース	適正なものを取り付けているか								
	3	電気配線	引出し口、ソケット、コード等が傷んでないか								
作業状態	1	安全装置	正しく使用しているか								
	2	幅の狭い材料の切断	押え金具等の補助具を使用しているか								
	3	ベッド上の整理	工具や不要なものをのせてないか								
	4	照明、照度	照明はよいか、暗くないか								
特記欄	点検要領	1　判定符号　　Ｖ：良好　　　○：作業者の調整後良好 ×：要修理　◎：修理完了確認 2　不良箇所が発見されたときは、ただちに上司に申し出ること。 3　上司は確認の上、補修手続きをとり、その期日をチェック欄に記入する。									

（2）点検実施者の教育

　点検実施者は、その設備機械をよく知っていて、愛着を持っていることが望ましい。点検の対象の正常な状態を把握していて、異常を見分ける判断力、カン、コツを身につけ、もし異常になるとどんな現象になるか、どんな影響を及ぼすかなどを理解していることが必要である。

　特に始業点検では、毎日同じことの繰り返しになるので、つい手抜きをしがちになる。身近な事例などを紹介して、点検がいかに重要な作業であるか日頃からよく説明して納得させるとともに、職長が同行して確認することも必要である。

　また、触診、聴診のように人の五感による項目については、正常と異常の場合の微妙な感覚を会得するための訓練をしなければならない。

（3）判断基準

　計器などでの数値で判断できるものもあるが、日常点検では目視など五感で判断するものが少なくない。異常現象と五感による判断基準の例（**表 2-6-8**）を示す。

表 2-6-8　異常現象と判断基準（例）

異常現象	判　断　基　準
遊びの拡大	許される遊びか異常かを判断する。隙間ゲージが使用できないときは、動きの大きさで判断する。
漏れ	エアやガスの漏れは発泡性の漏れ検知液等か、ガス検出器を使用する。液体の場合は点検箇所をよく掃除して吸湿性の粉を振りかけて見る。
ゆるみ	テストハンマーがよく使用される。特にゆるみによる危険が大きいか、振動などでゆるみやすい部分についてはマーキングしてゆるみが発生していることを早く見つける必要がある。
回転異常	聴音棒で確認する。正常時の回転音をよく聴いて記憶しておく。
軸受けのかじり	しゅう動面に傷などが付いて焼き付きをおこした状態では、温度上昇や異音を発する。軸受けケースに温度計を張り付けたり、聴音棒で確認する。
異常な振動	振動計を使用することもあるが、一般的には触診で判断する。人の指先の感覚は極めて鋭敏で異常の検出力が高い。

　このような感覚は経験の積み重ねによって身につくものであるが、点検者が早期に異常に気が付いて大事に至る前に処置することができたような場合は、「よく気が付けたね。すばらしいことだ。」と褒めることもやる気を起こす上で大切である。

（4）点検時の安全確保

通常の作業に比べて点検作業は危険度が高い。まず、ほとんどの場合が一人作業で行われる。また、通常作業では近づかない回転部分に近づいたり、足場が不完全な高所に上ったりすることがある。さらに、点検はベテランの作業者が行うことが多いが、慣れからくる不安全行動や身体能力の減退といった思わぬことから危険な状態になる場合もある。

墜落制止用器具など保護具の使用はもちろんのこと、点検時には周囲の安全に十分気を配って作業するよう指導することが大切である。

（5）点検結果の活用

点検は点検そのものが目的ではなくて、点検の結果必要な措置をとって正常な状態に戻すことが目的である。したがって、職長は点検の報告に直ちに目を通し、結果を確認しなければならない。何らかの問題点の報告があったものは、状況を調査し適切な対策を取るとともに、問題点の原因をよく調べて再発の防止と関係者に対する説明を行う。

このように、PDCA の管理サイクルを着実に回すことによって、安全確保はもちろんのこと、品質確保も能率向上も期待できる。

6　不安全行動に対する対策としての点検

事故災害の原因となる不安全行動を防止するためにも、パトロール時にチェックリストを使用した作業状況の点検は有効である。フォークリフトによる運搬・荷役作業における安全作業の例を**表 2-6-9** に示す。

表2-6-9 フォークリフトによる運搬・荷役作業例

No	運 搬 作 業	No	荷 役 作 業
1	荷で前方の視界が悪い時や坂を下りる時はバック走行しているか	1	フォークの下や荷の下に人を立ち入らせていないか
2	フォークを地上から15cmほど上げマストを後斜させ走行しているか	2	接触する範囲に人を立ち入らせていないか
3	コーナー等で急旋回していないか	3	フォークの間隔はパレットに対して適当か
4	運転者以外の人を乗せて走行していないか	4	許容荷重以上に荷を積んでいないか
5	制限速度を守っているか	5	パレットに差したフォークの先端で前の荷を倒すおそれはないか
6	見通しの悪いところ、安全通路を横断する所などで一時停止しているか	6	フォークで荷をつり下げたり、人を乗せたり規定外の作業をしていないか
7	運転席を離れる時はフォークを降ろしブレーキをかけキーを抜いているか		

7 労働衛生設備等の点検

作業の現場に有害なエネルギーや有害な物質が漏れ出てきて、健康を損ねたり重い障害を負うことはあってはならないことである。このような有害要因を取り除いて適正な作業環境を確保するために、的確な作業環境測定を行い、局所排気装置の性能をチェックしたり、呼吸用保護具や耳栓のような保護具が適正に使用されているか確認することが労働衛生点検の主な仕事である。

このうち、作業環境測定は専門的な知識と技能が必要で、登録されている作業環境測定機関に依頼することが多いが、職長の職務としては、測定結果を十分理解して問題があれば対処することが必要である。

また、作業主任者の職務である局所排気装置の点検、保護具の装着については、計画的に点検を実施する必要があり、その内容は、前に述べた設備機械の点検と同じである。

次ページに、局所排気装置のチェックリストの例を示す。

また、保護具の点検については、第5章を参照のこと。

局所排気装置チェックリスト（例）

作業場所	
設置箇所	
系統No	

区分	検査・点検項目	方法	判定基準	結果
フード	1 摩耗、腐食、くぼみはないか	目視	腐食変形がないこと	
	2 外付け式フードが発生源より離れ過ぎていないか	発煙管	煙が逃げないこと	
	3 開口部の向きは有害物の発散方向に正しく向いているか	目視	発散方向に正しく向いていること	
	4 開口面付近に障害物（不要な物）が置かれていないか	目視	障害物がないこと	
	5 扇風機、窓等からの気流がフードの吸い込み気流を妨害していないか	発煙管	煙が逃げないこと	
	6 乾式ブースのフィルターは目詰まりしていないか	目視	目詰まりがないこと	
	7 フードの吸い込み気流は確保されているか	発煙管	煙が逃げないこと	
ダクト	8 摩耗、腐食、くぼみはないか	目視	腐食変形がないこと	
	9 接続部が外れたり、ゆるみはないか	目視・作動	漏れがないこと・締付けにゆるみがないこと	
	10 粉じん等の堆積がないか	目視	多量にないこと	
	11 ダンパーの作動状態はよいか	作動	軽い力で作動すること	
空気清浄装置	12 ろ材に付着した粉じんを定期的に除去しているか	目視	ろ材が目詰まりしていないこと	
	13 ダストボックスに堆積した粉じんを定期的に除去しているか	目視	堆積粉じんが多量にないこと	
ファン	14 ベルトの滑り、軸受けの摩耗はないか	目視・作動	張りが適正でガタがないこと	
	15 インペラーへの粉じん等の付着はないか	目視	作動に影響がないこと	
	16 ケーシングへの粉じん等の付着はないか	目視	作動に影響がないこと	
	17 駆動部の注油状況	目視	適正な油量であること	
	18 稼働時に異常な振動、過度の発熱、異音はないか	作動	熱は触れる程度であればよいこと	
全体	19 有害物の発生源に局所排気装置が設けられているか	目視	設置されていること	
	20 作業時に装置を必ず稼働させているか	目視・作動	稼働をしていること	
	21 作業位置が発生源とブースの間になるようなことはないか	目視	風上側で作業していること	
	22 室内のメークアップエア（供給空気）は確保されているか	目視・作動	供給空気が確保されていること	
	23 局所排気装置の取り扱い方法について教育したか	確認	教育していること(記録)	
	24 制御風速	風速計	基準値（m/sec）以上であること	

●まとめと討議テーマ●

●まとめ

① 職場の整理・整頓は安全衛生の基本であることを作業者によく理解させ、全員で取り組む。

② 点検作業計画をつくり、実施する。

③ チェックリストを使いやすく、かつ有効な点検ができるように検討する。

④ 点検報告には必ず目を通し、必要な措置をとる。

⑤ 点検作業の意義と重要性を点検者によく説明し、効果があったときは褒めて動機づけする。

●討議テーマ

① 日常点検で使用しているチェックリストを見直す。

② 定期自主検査の記録を活用するには、どのようにしたらよいか。

③ 点検結果の処理ルートを見直す。

第7章 作業手順の定め方

この章で学ぶこと

作業手順書は現場で作業するときの道しるべである。

正しい道しるべをつくること、職場の全員で守るように教育・指導することは職長の大切な仕事である。定常作業はもちろん、非定常作業でも作業手順書が必要である。

ここでは、正しい作業をするための作業手順書のつくり方について学ぶ。

1 作業手順はなぜ必要か

安全に作業を進めるためには、可能な最大限の自動化や、機械設備・材料や作業環境を危険の少ないものにするなどの安全化対策が基本である。しかし技術的な面や経済的な面などの理由から、全ての作業でこれを実現することは困難である場合が多い。

また、どのような機械設備や材料も作業者が適正に扱うことで、はじめて「安全衛生」が確保され、同時に「品質」等の目標を達成することができるが、そこで働く作業者は、機械にはない記憶や判断のような高度な能力を持つ反面、感情や疲労のようなマイナスの面も持っている。そのために作業の流れと内容を安全の立場から検討し、作業者の不安全行動を防止し安全に作業を進めることを目指した作業手順を定めることが必要になってくる。

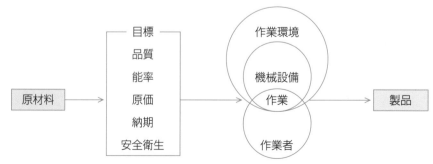

図 2-7-1 作業の仕組み

したがって、作業手順書の作成においては、現場を最も詳しく知り得る立場の職長が中心となって作成することが必要である。

また、作業手順書を新たにつくるときや、内容を変更する場合は、関係者の協力を得てリスクアセスメントを実施することが法令上求められていることにも留意を要する。（労働安全衛生規則第 24 条の 11）

なお、製品やサービスを目標どおりにつくり上げるためには、「品質」、「能率」、「原価」、「納期」および「安全衛生」を作業の中に織り込んで進めていく必要がある。そのために「作業手順」の他に、その上位基準となる「技術標準」、「作業標準」などの標準類がつくられている。

技術標準	品質に影響を及ぼすと考えられる技術的要因について、工程仕様書、製造規格としてその要求条件を規定するもので、作業標準のもとになるもの。
作業標準	技術標準の要求条件を満足させると同時に、作業の安全、品質、環境、能率、原価の見地から、まとまり作業または単位作業ごとに使用材料、使用設備、作業者、作業条件、作業方法、作業の管理、異常時の措置等を規定したもの。

2　作業手順書とは

作業手順書とは、技術標準や作業標準を実際の作業の中で実現するための道しるべとなるもので、

①　作業内容を主な手順（主なステップ）に分解し

②　作業を進めるために最もよい順序に並べて

③　これらの手順（ステップ）ごとに急所および急所の理由（成否、安全衛生、やりやすさ）を付け加えたものをいう。

（『安全衛生用語辞典』中央労働災害防止協会　一部改変）

（1）備えるべき要件

①　技術標準や作業標準と矛盾しない。

②　手順に従って作業すれば、事故や災害は発生しない。

③　安全に、正しく、速く、疲れない、いわゆる「ムダ・ムラ・ムリ」がなく、作業能率の向上や品質の安定にも役立つものである。

（2）作成時の留意点

① 見やすく、読みやすく、わかりやすいこと。イラスト、写真、図表、動画などを活用するとよい。

② 実際に現場で、その作業をする人全員が実行できるものであること。

③ 品質や能率も含めて、事故や災害など過去の失敗の反省や予見される事故防止が組み込まれていること。

以上が必要である。

（3）作業手順書の活用

このような要素を持った作業手順書も、職長がつくっただけでは役に立たない。職場の全員が納得して実行することが必要であり、そのためには、作成の段階で関係者の参画を求める。他の人にもよく説明して納得を得たら職場に配布して、いつでも必要なときに見ることができるようにする。また、そのために、

① 確実に現場で実施されるように指導・教育する

② 手順書どおりの作業が行われていることを確認する

ことも必要である。

3　作業手順書作成のポイント

（1）定常作業における作業手順書

作業手順書をつくる基本的な流れを次に示す。

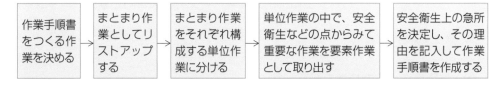

では、対象となる要素作業はどのようにして決めたらよいのであろうか。次頁の図のように、職長の監督範囲にあるすべての作業を「まとまり作業」としてリストアップする。その「まとまり作業」を、構成する「単位作業」に分け、さらに、「単位作業」の中で、品質、環境、能率、原価、安全衛生の点からみて重要な作業のひとまとめを「要素作業」として取りだす。要素作業について作業手順書を作成する一例を次頁に示す。

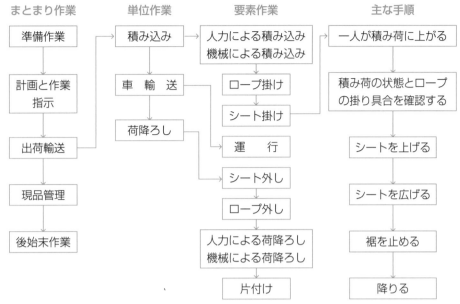

まとまり作業	単位作業	要素作業	主な手順

（例）製品倉庫出荷輸送作業の場合（シートを掛ける時、転落事故発生）

（2）作成の進め方

作成の進め方と、留意事項を下に示す。

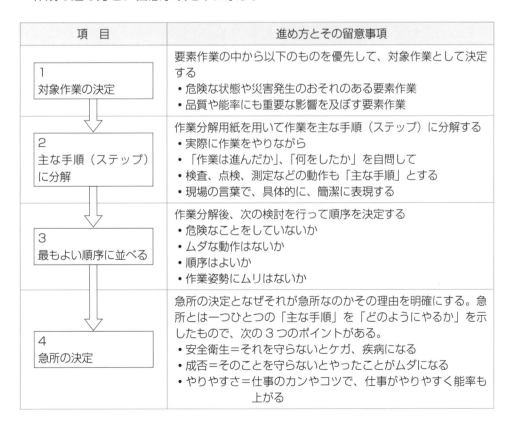

項　目	進め方とその留意事項
1 対象作業の決定	要素作業の中から以下のものを優先して、対象作業として決定する • 危険な状態や災害発生のおそれのある要素作業 • 品質や能率にも重要な影響を及ぼす要素作業
2 主な手順（ステップ） に分解	作業分解用紙を用いて作業を主な手順（ステップ）に分解する • 実際に作業をやりながら •「作業は進んだか」、「何をしたか」を自問して • 検査、点検、測定などの動作も「主な手順」とする • 現場の言葉で、具体的に、簡潔に表現する
3 最もよい順序に並べる	作業分解後、次の検討を行って順序を決定する • 危険なことをしていないか • ムダな動作はないか • 順序はよいか • 作業姿勢にムリはないか
4 急所の決定	急所の決定となぜそれが急所なのかその理由を明確にする。急所とは一つひとつの「主な手順」を「どのようにやるか」を示したもので、次の 3 つのポイントがある。 • 安全衛生＝それを守らないとケガ、疾病になる • 成否＝そのことを守らないとやったことがムダになる • やりやすさ＝仕事のカンやコツで、仕事がやりやすく能率も上がる

手順書の「急所の理由」の欄に、「なぜそれが急所か」を記入する。特に安全衛生の急所は、「これを守らないとこんな危険がある」ことを具体的に書くとわかりやすい。

この「急所の理由」は、作業のやり方を教えるときによく説明することで、正しい作業の実行が期待できる。

作業分解用紙の例を示す。

作業分解用紙

作業名　　　　　　　　　　　　　　　作成年月日

部　品　　　　　　　　　　　　　　　作成者名

道具と材料

No.	主な手順	急　　所	急所の理由

作業手順書はみんなで検討して作成を

(3) 作業手順書をつくるときに気を付けること

① 「主な手順」と「急所」をつなぐと 1 つの文になるように心がける。

② 1 つの手順書には、手順の数が 10 個以下になるように、要素作業の範囲を区切ったほうが使いやすいものとなる。

(4) 非定常作業における作業手順書

　定常的または日常的に行われる作業については、比較的標準類や作業手順書が整っており、事故や災害の発生を未然に防止することができている。しかし、故障設備の復旧や部品交換のような保全作業では、時間的な余裕もなく、作業の進行にともなって状況が変わることも多く、事前に十分な検討や作業手順書を準備することは困難である。ところが、このような非定常作業で災害が発生する割合は非常に高いので、次に示す対応が必要である。

① ある程度事前に準備できる非定常作業の場合

　点検、調整、注油、増締め、検査のように、一定の周期で行われるような作業については、前回の作業を参考に、ある程度事前の準備が可能となる。このような場合は、基本的には定常作業と同じように要素作業を取り出して、定常作業で使用している作業手順書を利用できることが多い。また、それぞれの特殊な作業ごとに、前回の状況を基に手順書をつくることも可能である。このような場合に留意することは、以下のとおりである。

項　　目	留　意　点
1．誤動作防止対策	手順書の急所の中に以下の項目を明記する ・安全装置の作業前の機能点検 ・安全柵の設置 ・注意標識の設置　等
2．人員配置	作業者の配置基準を明確にする ・免許等の法定資格 ・経験年数 ・技能の基準　等

②　予期しない故障の復旧、補修工事のような場合の留意点は以下のとおりである。

項　目	留　意　点
1.　作業フローの決定	関係者が集まり、以下の点を考慮して、各作業の優先順位を調整する ・上下作業の解消 ・輻そう作業（同時に集中して行う作業）の緩和 ・作業者の配置　等
2.　危険性・有害性の評価	個々の作業について、危険性・有害性の大きさを評価する ・作業の流れと各要素作業ごとの危険性・有害性の大きさを評価する ・評価した危険性・有害性の具体的な内容を明らかにする
3.　作業前の打合せ	作業者全員を集めて、以下の点に注意して作業前の打合せを行う ・大まかな作業分解と急所 ・作業分担と人員配置 ・評価した危険性・有害性の具体的内容 ・使用する資機材の仕様等 ・必要な法定資格および保護具等の確認
4.　危険・有害作業への立会い	大きな危険または有害性が予想される場面には、職長自身が立ち会って直接指示・指揮する

4　教育と管理

作業手順書は、実際に作業の場で実行されてはじめてその目的を達成できるものである。実行されるためには、現場の作業者を指導教育することと、次の（1）～（3）の管理が必要である。

（1）新規就業者に対する教育

新規就業者が、いきなり熟練を要する作業や危険度の高い作業につくことはないであろう。ところが、職場に以前からいる人達からみれば、常識で判断できるような初歩的な作業の中で新規就業者がケガをする場合が少なくない。このような簡単な作業では「見よう見真似」で作業を覚えさせるようなことが多く、新規就業者も「この程度のことでいろいろ質問したのでは申し訳ない」と遠慮して、つい、正しい作業方法を理解しないまま、間違った作業方法を身につけてしまうことになる。

基本的ないくつかの要素作業を選んで手順書をつくり、それに基づいて教育を実施すれば、作業手順書の使い方も習得して、また教える人による個人差もなくなり、以後の教育も効果的に実施できると期待される。また、新規就業者教育は作業内容

を変更した作業者に準用される。

（2）ベテラン作業者に対する教育

　ベテラン作業者は、職場の中心となって作業する人達である。自分の仕事のやり方に誇りと自信を持っている。このような人達に仕事のやり方を変えさせるには、それなりの工夫が必要である。何らかの問題が発生して、その作業の手順を変えたいときは、作業分解の段階から参画させて一緒に手順書を作成し、さらに、他のメンバーの教育まで担当してもらうような配慮をする。

（3）管理

　手順書をつくったら、まず、関係者の納得と上司の承認を受けておくことが必要である。

　また、作業手順書は一度つくれば終わりというものではなく、その後の変化、たとえば設備、原材料や技術標準の変化などに応じて、見直し、改善が必要である。さらに、重要な作業については、期間を決めて定期的なチェックをすることも必要である。その見直しの際には、関係者の参画を得て、リスクアセスメントを実施することも忘れてはならない。

作業手順書の例

整理番号	作業名 大型トラックのシート掛け作業		作成者	
			作成日時	

No.	手　　順	急　　所	急所の理由
1	一人が積み荷に上がる	運転席後タラップを利用して	転落防止
2	積み荷とロープの掛具合を確認する	墜落制止用器具を掛けて ゆるみはないか 積み荷に確実に掛かっているか	転落防止 荷崩れする 荷崩れする
3	シートを上げる	一人が下から支えて	やりやすい
4	長手の方向に伸ばす	荷のセンターに合わせて	やりやすい
5	片側に広げる	中心から押して	転落防止
6	裾をゴム輪で止める	中程から先に	風であおられる
7	もう一方を広げる	中心から押して	転落防止
8	積み荷から降りる	タラップを利用して	転落防止
9	全体の状況を確認する	しわ、たわみ、角の収まり	成否

事故災害発生状況 　風にあおられてシートが巻き 　上がり、積み荷に転落	対策 　風速が10m/sを超えるとき 　は作業を中止 　垂らしたシートの裾をすぐ 　に止める	備考

課長	係長	職長

●まとめと討議テーマ●

●まとめ

① 職長は自ら中心になって作業手順書を整備する。

② 部下に作業手順の大切さを教え、それを守ることの重要性を教えて順守させる。

③ 作業内容が変更になった場合は、必ず作業手順書を見直し、改定して、周知徹底する。その際リスクアセスメントを必ず実施して必要な改定を行う。

④ 自分の職場だけでなく、類似作業をしている他の職場でも、事故や災害があった場合は、関連する作業の手順書を見直して、必要があればリスクアセスメントを実施したうえで改定し、事故災害の概要を記載する。

⑤ 非定常作業でも、終了時点で今後参考になる要素作業については、作業手順として記録しておく。

⑥ 職場にある作業手順書の定期的な見直しをルール化し、役割分担を決めて実施する。

●討議テーマ

① あなたの職場では、作業手順書をどのように作成しているか。それは、どのように利用されているか。

② 作業手順書を定期的に見直すための役割分担も含め、どのようなルールが必要か。

③ 作業手順書は、現場の作業を見ながら作っているか。でき上がった作業手順書が現場の作業と一致しているか。

④ でき上がった作業手順書は、3つの要素、すなわち、主な手順、急所、急所の理由に書き分けているか。

⑤ 新規就業者に基本的な作業の危険について、作業手順書を使用して教育しているか。

第 8 章 作業方法の改善

この章で学ぶこと

いつも問題意識を持ち、問題を見つけたら改善を進めることが必要である。ここでは、作業方法改善の必要性と目的、ならびに改善手順である4段階法について学ぶ。

1 改善の必要性

毎日行っている定型的な作業でも、保全作業のような非定常的な作業でも、それが最良の方法で行われているか、常に問題意識を持って進めていくことが必要である。

災害要因を調べると、その約9割に何らかの不安全行動があり、なぜそのような不安全行動が行われているかを考えると、教育の実施や設備の改善とともに作業方法の改善点が浮かび上がってくる。

さらに、技術の進歩、合理化による組織の変化、作業者の高齢化など作業要因の変化、作業状況の変化に応じて、作業方法を改善し「より良く」、「より速く」、「より安全に」できるように作業方法を改善していくことは、職長の大切な業務であり、部下の能力を最大限に発揮させることができる。

作業方法を改善する目的は、次のとおりである。

① 事故やケガを未然に防ぐ

職場で見つけた不安全行動は、すぐその場で是正することが必要であるが、「なぜそのような危険な行動をしているのだろうか」とその背景を深く考えれば、そこに作業方法の改善の必要性が見えてくる。

② 職場の人たちの「やる気」を引き出す

毎日の作業のなかで日頃から不具合を感じている点が改善されれば、それまで習慣的にやってきた作業の中にも、もっとうまくやることができることはないかと改めて作業を見直す気持ちが生まれ、それが職場の人達のやる気を引き出す原

動力となる。

③　作業能率や品質の向上に結びつく

　　作業がより安全に、よりやりやすくなれば、当然能率も品質も向上してくる。このような具体的な効果が得られれば、職場の内外からも認められ、ますます改善への意欲が増すことになるだろう。

　　このような目的と効果を得るためには、日頃から問題意識を持ち続けることが大切である。「どうもうまくいかない」という問題意識なくして、作業改善はあり得ない。

2　改善を進めるための4段階法

(1) 対象となる作業の選定

　まず、改善を必要とする作業を選定しなければならない。事故、災害が発生した作業や、リスクアセスメントやヒヤリ・ハット活動で摘出された問題のある作業はもちろんであるが、「どうもやりにくい」、「指示が徹底しない」、「整理整頓がよくない」、「ムリな姿勢で疲れる」などという、まだはっきり現れていないような問題点も見つけ出す必要がある。

　そのためには、パトロールや職場安全衛生会議、安全日誌の記事、点検記録、さらには休憩時間の会話などにも耳を傾け、問題点を見つけよう。

(2) 4段階法の概要

　作業の改善には、次の4段階法を用いると効果的に進めることができる。

第1段階	今行っている作業を手順ごとに分解して現状把握する。 作業を細かい手順に分解し、その手順を進めるための条件をすべて拾い出す。
第2段階	手順ごとに自問する。 どこに問題点があるか、改善のヒントを得る段階である。 手順を進めるための条件をよく読んで、5W1Hを使って自問する。
第3段階	自問の結果をもとに改善の着想を展開する。 改善のヒントを具体的な改善方法に展開する段階である。 「取り去る」、「結合する」、「組み替える」、「簡単にする」という4つの展開方法を適用して考える。
第4段階	スムーズに実施に移すための手順を具体化する。 改善のため新しい方法を実施する。

（3）各段階ごとの説明

第1段階 作業を手順ごとに分解する

　作業を細かく観察して手順に分解する。

　手順に分解するとき、「作業手順の定め方」（第７章）とは異なり作業の手順を一つひとつ拾いあげていく。表現は作業の目的ではなく、「行動そのもの」を書く。たとえば、「ネジを締める」ではなく「ドライバーを時計回りに回す」と表現する。

　次に、一つひとつの手順ごとにその手順を進めるための条件を拾い出す。この条件は、「（2）作成の進め方」（123ページ）で急所として取り上げた「安全衛生」、「成否」、「やりやすさ」が大切なヒントとなる。さらに、作業姿勢や量、頻度、距離なども重要な項目である。この条件に拾いあげた項目こそが、第２段階以降の主役、すなわち改善の目の付け所となる。

第2段階 手順ごとに自問する。5W1Hで自問して改善のヒントをつかむ。

　ア　Why（なぜそれが必要か）

　イ　What（なにをするのか）

　ウ　Where（どこでするのがよいか）

　エ　When（いつするのがよいか）

　オ　Who［Whom］（だれが［だれに］するのがよいか）

　カ　How（どんな方法がよいか）

第3段階 着想を展開する

　第２段階の自問の段階は、次の第３段階すなわち着想を展開する段階に直結している。

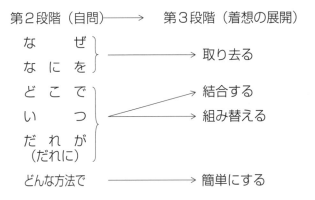

この2つの段階で浮かんだ着想は、直ちに作業分解シートの着想の欄に記入する。このように説明すると、現場の作業をよく知っている職長の皆さんは、「こんな面倒なことをしなくても、すぐ着想が浮かぶ」と思われるかもしれない。しかし、第1段階で作業を分解し、一つひとつの手順ごとに手順を進めるための条件をもれなく拾い出すことで問題点が明確になり、誤りのない改善案をつくることができ、第4段階で新しい方法を実施に移すときに説得力のある説明ができる。せっかく改善案をつくったのに、現場で実行されないという苦い経験をした人も多いであろう。

第4段階 新しい方法を実施する

改善案をつくったら、すぐに実施したくなる。しかし、関係者全員を納得させ、安全確保、品質・能率の向上という改善の目的を達成するためには、次に示す手順を踏まなくてはならない。

ア 関係者の了解を得る。

その作業に直接携わる作業者はもちろんであるが、前後の工程で影響のある職場の人達、あるいは設備の保全担当者などすべての関係者に了解を得ておく。

イ 新しい方法を上司に説明し、承認を求める。

そのためにも、新しい方法による利点を分解シートを利用して、明快な説明をする。また、新しい方法による作業手順書なども準備する必要がある。

ウ 新しい方法を作業者に納得させる。

これまでのやり方が一番良い作業方法だと考えている作業者に、新しい方法を納得させるには、それだけの努力が必要である。

エ 新しい方法を仕事に移す。

関係者全員の納得を得て実施に移したら、その成果を定量的に把握して、機会をみて全員に説明する。

これらの4段階法、すなわち①現状把握、②問題点の摘出、③改善案の樹立、④対策の実施はすべての部門での問題解決に適用できる手法であって、これを習得すれば職場のすべての問題解決が可能となるだろう。

作業改善の一例を次に示す。

製品　圧縮機　気筒上蓋
作業　穴あけ作業
職場　第一機械加工場

作業分解シート（例）

番号	現在の方法の細目	距離	条件 時間、公差、不良、安全など	なぜ・なにに	どんな方法	着想	取り去る	結合する	組み替える	簡単にする
1	素材置場の網パレットにバラ積みさせれたフランジ板を手作業で1枚ずつ手押し台車に積む。		フランジ板1.6kg/枚 手押し台車へバラ積み 約100kg/60枚		∨	着想は直ちに記入する。記憶しているだけではいけない。納品時に使用する容器を別途用意し、10枚ずつ入れ、腰高のパレット台車に容器(6個)を積む。				∨
2	手押し台車を穴あけボール盤横の作業台前に運ぶ。	約10m	運搬途中、時に荷崩れがあり、フランジ板が床面に散乱する	∨	∨	No.1の改善により荷崩れが防止できる。		∨		∨
3	手押し台車上のフランジ板を作業台に積み替える。		中腰での作業になるので腰に負担がかかる	∨		腰高のパレット台車をボール盤横に直接つける。No.1により積み替えは不要。	∨			
4	フランジ板にボール盤で穴あけ加工(4カ所)する。		加工時間約3分/枚 加工後重量1.5kg/枚							
5	加工したフランジ板を反対側の作業台に積む。		バラ積み		∨	腰高のパレット台車を別途用意し、納入容器6ケースに加工済みフランジ板を入れる。			∨	
6	作業台からフランジ板を手押し台車へ積み替える。		No.3と同じ問題あり	∨	∨	No.5の改善により不要。	∨			
7	手押し台車を次工程の納品場所まで運ぶ。	約7m	No.2と同じ問題あり		∨	No.5の改善により荷崩れが防止できる。		∨		∨
8	フランジ板を手押し台車から納品ケースに入れる。		1箱15kg/10枚 合計重量90kg/60枚		∨	No.5の改善により、容器ごとパレット台車に入れて納入する。				∨

●まとめと討議テーマ●

●まとめ

① いつも問題意識を持ち、職場の人達の意見にもよく耳を傾け、問題点の発見に心がける。

② 問題のある作業があることに気付いたら、4段階法を使って改善する。

③ 作業を手順ごとに分解するときに、その手順を進めるための条件をたくさん拾うように心がける。

④ 改善案をつくるときは、関係者全員に参加してもらうよう努力する。

⑤ 改善案がまとまったら、上司の承認をもらい、関係者とよく相談して実施に移す。

●討議テーマ

① まず、問題のある作業を探す。危ないと思ったり、やりにくいと感じている作業をあげ、作業分解シートを作成する。

② でき上がった改善案をみんなに実行してもらうには、どうしたらよいか。

異常時における措置

　職場の異常は早期に発見し、その芽を摘むことが大切である。そのために
ここでは、第1に異常とは何か、第2に異常時の措置方法について学び、み
んなの目で異常の芽を早期に発見する環境を醸成し、的確な措置ができる力
をつける。

1　異常時の措置

　職場において異常事態を早期に発見し適切な措置をとるとともに、同種類の異常
が二度と発生しないよう再発防止の対策を講じることが、異常時の措置の目的であ
る。

（1）異常とは

　「異常」を辞書で見ると、"普通と違うこと、いつもと違うこと"とあり正常の対
語になっている。「正常」を見ると、変わったところや悪いところがなく普通であ
ること、正しい状態であるさま、とある。異常状態の一般定義は難しいが、労働環
境を論じる場合、職場における作業環境、作業設備、作業方法および作業者の行動
が「一定の基準からはずれた状態」とされている。すなわち正常の範囲（一定の基
準）がわかっていれば、異常の判断は容易になる。
　一定の基準とは法規、技術指針、社内規程、作業計画、作業命令、作業標準、作
業手順および職場の慣習などをいう。
　この「一定の基準からはずれた状態」を放置すると基準とのズレが大きくなり、
事故や災害につながるおそれがある。また、事故や災害はある日突然発生するもの
ではなく、必ず何らかの前兆があり、これを放置すると「異常」として表れること
になる。

2 異常の例

　「異常」の状態はさまざまであるが、初期の小異常状態を放置したために危険な異常に進行してしまうケースが多い。たとえば、仮設足場の手すりクランプがゆるんでいたが、これを「基準からはずれた異常状態」と気付いて改修しなかったため、転落災害に発展してしまった例がある。この初期異常状態の"ズレ"を「前兆」として見逃すことなく、発見・対処（措置）することが大切である（**図 2-9-1**）。

　この初期の異常状態（設備・環境・状態・行動）の例を示すと**表 2-9-1** および**表 2-9-2** のようなものがある。産業の種別により多種多様な異常状態があるが、"自分の持ち場における異常は何か" を洗い出すよう常に心がけることである。

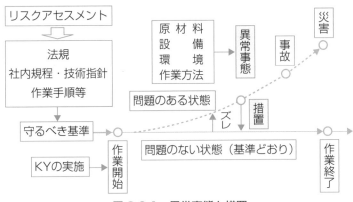

図 2-9-1　異常事態と措置

表 2-9-1　作業設備および作業環境の異常（不安全な状態）の例

項　目	内　　　容
設備の異常	①装置および機器の安全装置の破損、機能の低下など
	②防護覆い、囲い、仮設物などの欠陥のほか、取外し、あるいは移動したまま放置された状態
	③運転中の機械の異常な音、振動、熱、速度など
	④計器類の指針の異常な振れ、値
	⑤操作中の機器類の不調
	⑥警報機、破裂板などの作動不良
	⑦停電、断水など
	⑧器具、工具、用具類の破損、異常な摩耗、腐食劣化
	⑨換気装置の機能低下
環境の異常	⑩作業環境の変化（異常な臭気、粉じん、ガス、煙などの発生、酸欠状態）
	⑪自然環境の変化（強風、大雨、大雪、雷、異常出水、土砂崩壊）
状態の異常	⑫作業床に制限荷重以上の重いものを乗せている状態
	⑬取扱物質の漏れ、こぼれ、あふれ

表 2-9-2　作業者の行動の異常（不安全な行動）の例

項　目	内　　　　　容
操作の異常	①安全装置をはずしたり、無効にしたりして作業している
	②故障している作業設備を、そのまま使用している
	③運転しながら、機械の掃除、注油などをしている
	④必要な保護具を使用しないで作業している
動作の異常	⑤不安定、ムリな姿勢や、危険な位置で作業をしている
	⑥職場で、飛び乗り、飛び降り、かけ足などをしている
	⑦合図および誘導の方法、位置が不適当なまま作業している
方法の異常	⑧共同作業で統制がとれていない作業をしている
	⑨崩れそうになるまで、物を積み上げている
	⑩作業方法の欠陥（不適当な機械・装置の使用、不適当な工具・用具の使用、作業手順の誤り、技術的・肉体的無理など）

3　異常の発見と措置

（1）異常の早期発見

　異常は、早期に発見すればするほど正常に戻すことが容易であり、また大事に至るのを防ぐことができる。このため、職長は、①職場を絶えず巡回して問題がないかを確認し、問題を早期に発見し、処置をしなければならない。②作業者に「どんなことが異常か」をよく教えておくことである。正常状態の判断基準は客観的（計器類によるデジタル表示等）なものがよく、許容範囲をわかりやすく現場に明示しておくとよい。③異常を発見した場合の措置についても、異常の度合により階級（フェーズ）分けして、それに応じた措置方法を徹底しておくことである。さらに、とるべき措置がわからないときは、職長や責任者に必ず連絡するように規定しておく。

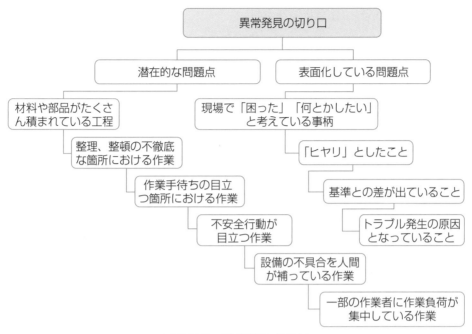

図 2-9-2 異常発見の切り口

(2) 異常を発見したときの措置

① 異常を正確に把握する。

異常がどの部分で発生し、どの段階であるか、時間的余裕があるかなどを
5W1Hを活用して正確に把握し、緊急連絡か、応急措置か、場合によっては待
機かを判断することが大切である。

② 異常を処理する。（応急措置を含む）

「異常は、事故や災害の前に現れる現象である」との考えのもとに、どんな小さなことも見逃さず、これを処理しなければならない。また、ヒヤリ・ハット報告は現場の異常情報源であり、速やかに対策処理するとともに報告者に回答する等、周知徹底を図る必要がある。

初期的な異常ではなく、危険な異常状態では誰もが慌てるものであり、実態に適合した修復措置ができにくくなる。そのため、作業の手順や方法について日頃の判断力に狂いが生じ、事故や災害に拡大する例が多い。時間的余裕があれば、十分な打合せを行った上で対処できるが、判断・措置に緊急を要する事態では人間の弱点が表れる。

その主なものとして、次のような例が挙げられる。

○慌てると頭が混乱し、考えがまとまらない。

・いきあたりばったりで作業を進める。

○特定のこと（もの）に注意力が奪われ、注意の配分ができない。

・１つのことに気を付け、危ないほかのことに気が付かない。

○事実を確かめずカンで作業を進める。

・カンが当たらないと危ない。

「いかなる異常状態でも己を客観的立場において見る」冷静さが望まれるが、なかなか難しい。ただ、訓練によりこれに近づくことはできる。このようなことから、異常時の判断を作業者が容易にできるよう「異常時の措置基準」を作成して、常日頃から教育・訓練等で擬似体験させておくことが大切である。

（3）異常処理後の措置

異常事態・ヒヤリ・ハットは、事故・災害と同じように原因の究明をして、再発防止対策をとり、同種の異常事態を繰り返さないようにしなければならない。

●まとめと討議テーマ●

●まとめ

① 異常の早期発見に努める。

② 異常を発見したときは、その状況を正確に把握して、適切な応急措置をとる。

③ 必要な応急措置をとった後は、早期に関係者の協力を得て原因を究明し、確実な再発防止措置をする。

●討議テーマ

① 異常時の例を挙げ、異常時の措置基準を作成する。

② 異常を早期に発見するのに、心がけることを挙げる。

第10章 災害発生時における措置

災害発生時の措置には冷静沈着さが求められる。被害の拡大を最小限に抑えるための措置は的確でなければならない。ここでは、的確な災害発生時の措置基準等、再発防止のために必要な発生原因を究明し対策を検討する、災害分析手順について学ぶ。

1 災害発生時の措置

（1）災害発生時の基本的な考え方

① 人命尊重を最優先し、まず被災者を救出する。

② 設備の非常停止等により、爆発、火災等による被害の拡大と二次災害の防止を図る。

③ 上司、関係者および関係機関に緊急連絡する。

④ 災害原因究明のため、極力現物保存に努める。

⑤ 同種災害を発生させないためにも、災害調査と原因分析を必ず行い安全対策を講じる。

⑥ 事故やヒヤリ・ハットのような人的被害を伴わない出来事でも、上記⑤に準じた原因の調査を行い安全対策を講じる。

災害発生時の措置

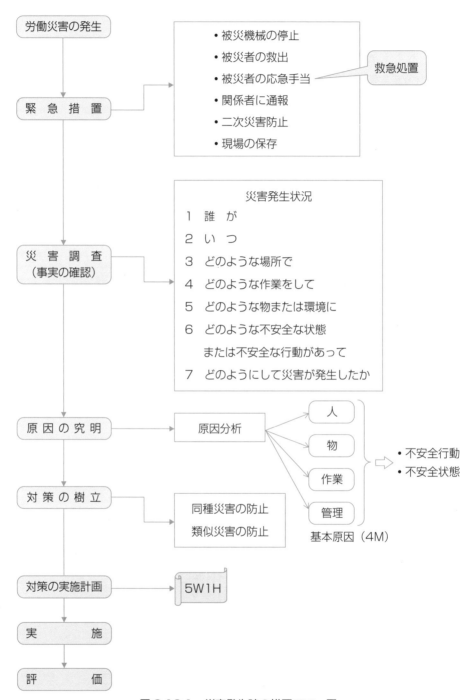

図 2-10-1　災害発生時の措置フロー図

（2）非常停止と教育・訓練

　災害や事故発生時の措置を適正かつ迅速に行うために、「災害発生時の措置基準」を定めておくほか、日頃から作業者に対して教育、訓練を行っておく。なお、下記のような事項については、図表等を用いてわかりやすく記して関連の場所に表示しておく。

①　配管や電源系統図の周知徹底

②　バルブ、コック等の位置および操作の方法

③　電源の遮断方法（非常停止ボタンの位置、操作方法）

④　非常警報装置の種類、位置と使い方

⑤　緊急時の連絡先と連絡方法

⑥　災害発生時の緊急措置を迅速かつ的確に行えるように、日頃から必要な訓練をしておく。

（3）退避と点呼

　定められた退避基準に基づき、日頃から作業者に退避の訓練をしておくこと。また、夜間の退避は、昼間よりも多くの配慮が必要である。

①　出入口、通路、階段などに物を置かない。

②　退避の合図および指揮者を定めておく。

③　誘導の方法を定めておく。

④　自然環境の変化に対して防護措置をするほか、作業中止基準などを決めておく。

⑤　退避後の集合場所を決めておき、取り残された者がいないか確認する。

2　救急救命処置

　心肺停止状態の傷病者の命を救うために行う「心肺蘇生」「AED（自動体外式除細動器）による除細動」「気道異物除去」の３つをあわせて「一次救命処置」という。

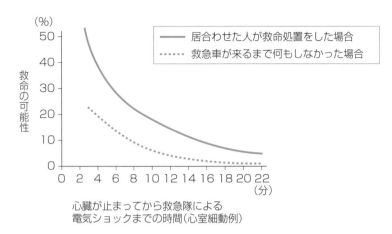

救命の可能性は時間とともに低下するが、救急隊の到着までの短時間であっても救命処置をすることで高くなる〔Holmberg M：Effect of bystander cardiopulmonary resuscitation in out-of-hospital cardiac arrest patients in Sweden. Resuscitation 2000：47(1)：59-70. より引用・改変〕

図 2-10-2　救命の可能性と時間経過
（出典：日本救急医療財団心肺蘇生法委員会監修『救急蘇生法の指針 2020 市民用』へるす出版　2021 年）

　図 2-10-2 に示すように、時間の経過とともに救命の可能性が低下することが知られている。そのために速やかで適切な一次救命処置を行う必要がある。

　多くの職場で AED が配備されている今日、職場で万一の事態に遭遇した際に職場の仲間が救命処置を実施することが重要である。

　令和 3 年 7 月には、ショックボタンを有さないオートショック AED が認可された。電気ショックが必要と判断された場合に音声ガイドが流れ、カウントダウンやブザーの後に自動的に電気ショックが実行される。この場合も、音声ガイド等に従って、安全のために患者から離れる必要がある。

　AED の使い方を含めた、一次救命処置（**図 2-10-3**）が行えるよう、職場の作業者全員が訓練を実施しておく必要がある。

3　災害調査、分析、対策

　災害調査の目的は、その原因を突き止めることにより、それに対応した対策を立て、二度と同じ災害が起こらないように災害を防止することにある。災害調査は一般に問題解決手法が用いられ、災害分析では、災害発生の事実を確かめ→問題点を摘出し→その原因を確定する→いくつかの原因からそれぞれの対策を考え→実施計画を立て実施に移す。この一連の手続き（手順）で災害調査を行うが、この調査方法のポイントは、以下のとおり。

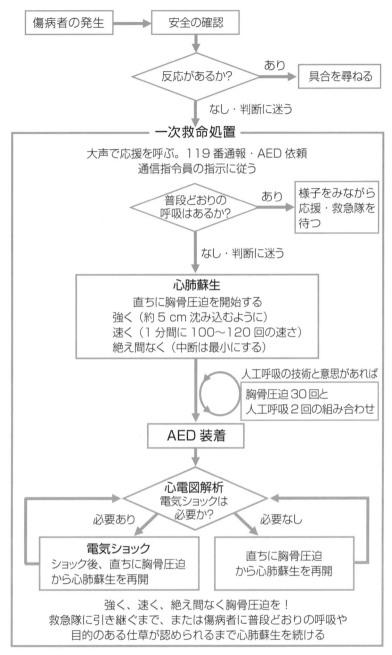

図 2-10-3　一次救命処置の流れ

（出典：一般社団法人日本蘇生協議会監修『JRC 蘇生ガイドライン 2020』医学書院　2021 年　一部改変）

新型コロナウイルス感染症流行期への対応

　新型コロナウイルス感染症が流行している状況においては、すべての心肺停止傷病者に感染の疑いがあるものとして救命処置を実施する。対応の要点は次のとおり。

・傷病者の顔と救助者の顔があまり近づきすぎないようにする。

・胸骨圧迫を開始する前に、マスクやハンカチ、タオル、衣服などで傷病者の鼻と口を覆う。

・成人に対しては、人工呼吸は実施せずに胸骨圧迫だけを続ける。

・救急隊の到着後に、傷病者を救急隊員に引き継いだあとは、速やかに石鹸と流水で手と顔を十分に洗う。

（1） 事実の確認

① 事実の確認では調査の幅を広くとる。

人、物、作業、管理の 4 つの面（4M）から災害に関係のある事項を幅広く取り上げる。

災害の基本要因を、人は（人的要因）、物は（設備的要因）、作業は（作業的要因）、管理は（管理的要因）、として該当する事項を追究する。なお、作業を管理の一つとして取り上げ 3M で行う場合もある。

② 事実は客観的なものとする。

事実はその場で見る、聞く、調べるものであり、大づかみの抽象的なものであってはならない。記録に当たっては具体的な表現にする。

（2） 問題点の摘出

① 問題点は事実を基準に照らして評価し、基準からはずれた事実を問題点とする。

② 問題点を洗い出す過程では、問題点の重さ、軽さを評価しない。重さ、軽さの価値判断は、原因の確定時点で行う。

（3） 原因の確定

① 問題点の中で災害の基本原因として人的要因、設備的要因、作業的要因、管理的要因の 4 つの M それぞれに該当する事項を確定させ、災害要因として直接的かつ決定的な因果関係を持つと判断されるものを原因として確定させる。

② 問題点の 1 つが 1 つの原因となることもあれば、いくつかの問題点が 1 つの原因となることもある。

③ 原因の表現を抽象化しない。「監督指導不足」、「整理整頓の不備」など抽象化すると対策も抽象化し、対策の意味がなくなる。

（4） 対策の樹立

① 対策は、影響の大きいものから優先順位を決め、必要性、可能性を考えて原因の全てに対策を立てる。

② 対策は、一つひとつ具体的で "何を" "どのように" を明確にし、"誰が責任者か" をも明確にする。

一般に基準からはずれた状態を問題点として捉え、原因究明と対策を考えるが、

災害分析状況によっては「基準の変更」も視野に入れておく。その場合は必ずリスクアセスメントを実施する。

(5) 実施計画

① 実施計画は5W1Hを生かし、まず、主旨を明らかにし、責任の所在、方法を具体的に表現する。
② 事実の確認→対策、実施計画の一連の手順において作業の流れをわかりやすく表現する。

●まとめと討議テーマ●

●まとめ

① 事故や災害が発生した場合は、非常停止など緊急措置（救急処置を含む）を講ずる。
② 事故や災害の状況およびとった措置や経過を上司に報告する。
③ 事故や災害の原因を解明し、同種の災害や事故の防止対策を実施する。
④ 事故や災害が発生した場合に、適切な措置がとれるよう、日頃から作業者の教育、訓練に努める。
⑤ 「一次救命処置」は職場の全員が万一の場合に備えて実施できるように準備しておく。
⑥ ヒヤリ・ハット事例についても「ケガのない災害・事故」と捉え、原因究明・再発防止対策の検討を実施する。

●討議テーマ

各自持参の災害事例から１つを選び、討議し、対策を立てる。

第11章 リスクアセスメントの実施とその結果に基づくリスク低減措置

この章で学ぶこと

職場では、作業者が危険性や有害性によりリスクにさらされ、時として災害になることがある。この章では、職場の危険性や有害性を洗い出し、特定し、作業者に及ぼすリスクを評価するリスクアセスメントと、リスク低減措置の実施について学ぶ。

事業者は、設備、原材料、作業方法、作業手順を新規採用または変更したときや、機械設備等の経年劣化や新たな安全衛生に係る知見の集積などにより、リスクに変化が生じたり生じるおそれがあるときは、リスクアセスメント（危険性又は有害性等の調査）を実施し、その結果に基づいて、これを除去・低減する措置を講ずるよう努めなければならない、と定められている（安衛法第28条の2、安衛則第24条の11）。また、職場の安全衛生水準の向上のためには法で求められる実施時期のほか、一度もリスクアセスメントを実施していない既存の設備や作業について計画的に実施することが必要である。

厚生労働省では、リスクアセスメントの考え方、実施方法等について指針[※1]を公表している。本章は、法令およびこの指針に基づいてリスクアセスメントが適切かつ有効に実施されるよう解説するものである。なお、同指針に基づく詳細指針として化学物質のリスクアセスメントに関する指針[※2]および「機械の包括的な安全基準に関する指針[※3]」が公表されている。

化学物質のリスクアセスメントは、安衛法第57条の2第1項に規定する通知対象物について、実施が義務付けられている。その内容に関しては、本章の5で解説する。

職長はもっとも現場を知り得る立場にいるだけに、リスクアセスメント実施には、職長の役割が重要な鍵になるといえる。以下、リスクアセスメントの基本的考え方ならびに具体的手順について述べる。

平成 18 年 4 月 1 日から施行された労働安全衛生関係法令の改正において、OSHMS の中核をなすものであるリスクアセスメントが、事業者の努力義務とされるとともに、新たに職務につくことになった職長に対して行うこととされている教育の項目の中に盛り込まれた。

《リスクアセスメント関連指針》

※ 1 「危険性又は有害性等の調査等に関する指針」(平成 18 年 3 月 10 日公示第 1 号)

※ 2 「化学物質等による危険性又は有害性等の調査等に関する指針」(平成 27 年 9 月 18 日公示第 3 号、最終改正令和 5 年 4 月 27 日公示第 4 号)

※ 3 「機械の包括的な安全基準に関する指針」(平成 19 年 7 月 31 日基発第 0731001 号)

1 リスクアセスメントとリスク低減措置

(1) リスクアセスメントとは

リスクアセスメントとは、①危険性又は有害性(危険源、危険有害要因を意味し、「ハザード」ともいう。)を特定し、②リスクを見積もり、③そのリスクを低減するための優先度を設定し、リスクを低減させるための措置を検討し、④リスク低減措置を実施することを体系的に進める手法である(**図2-11-1**)。

リスクアセスメントは、安全衛生スタッフの協力を得て、ライン長(たとえば課長)を責任者とし、職長が中心となり、全員で行うことが基本である。また、専門的な観点からのリスクアセスメントが必要な場合には、社内外の専門家の協力を得ることも考慮しなければならない。

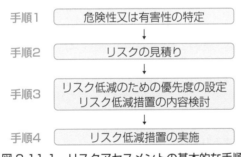

図2-11-1　リスクアセスメントの基本的な手順

(2) 危険性又は有害性の特定

危険性又は有害性の特定では、大きく次の 2 つのステップで行う。

① 危険性・有害性(ハザード)を明らかにする。

② リスクの見積りにつなげるために、危険性又は有害性ごとに、労働災害に至るプロセス(経緯、流れ=ストーリー)を具体的に明らかにする。

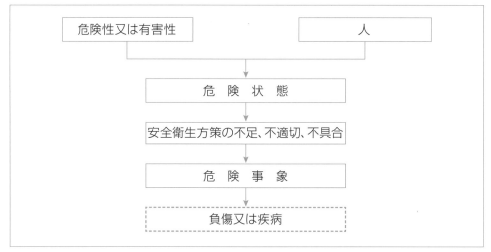

図 2-11-2　危険性又は有害性から負傷又は疾病に至るプロセス

　重要なことは、まず、職場に潜在する危険性又は有害性（**表 2-11-1**）をどのように発見するかである。そのためには、法令、社内規程をはじめ、職場の機械設備、作業環境、作業に関連する安全衛生に係る情報を入手することであり、それらの情報をもとに正常な状態や、基準からずれていれば危険性又は有害性の洗い出しの端緒となり、リスクアセスメントを進める切り口となる。事前に入手すべき情報源の例を**表 2-11-2** に示す。

表 2-11-1　危険性又は有害性（ハザード）の分類例

1　危険性

(1)　機械等による危険性

(2)　爆発性の物、発火性の物、引火性の物、可燃性のガス、粉じん、腐食性の物、酸化性の物、硫酸等による危険性

(3)　電気、熱、アーク等の光のエネルギーその他のエネルギーによる危険性

(4)　掘削の業務における作業、採石の業務における作業、荷役の業務における作業、伐木の業務における作業、鉄骨の組立ての作業等の作業方法から生ずる危険性

(5)　墜落するおそれのある場所、土砂等が崩壊するおそれのある場所、足を滑らすおそれのある場所、つまずくおそれのある場所、採光や照明の影響による危険性のある場所、物体の落下するおそれのある場所等作業場所に係る危険性

(6)　作業行動等から生ずる危険性

(7)　他人の暴力、もらい事故による交通事故等の労働者以外の者の影響による危険性等その他の危険性

2　有害性

(1)　原材料、ガス、蒸気、粉じん、酸素欠乏空気、病原体、排気、廃液、残さい物等による有害性

(2)　放射線、赤外線、紫外線、レーザー光等の有害光線、高温、低温、超音波、騒音、振動、異常気圧等による有害性

(3)　計器監視、精密工作、重量物取扱い等の重筋作業、作業姿勢、作業態様によって発生する腰痛、頸肩腕症候群等作業行動等から生ずる有害性

(4)　その他の有害性

表 2-11-2　入手すべき情報の例

リスクアセスメントを効率よく実施するために、次の情報を事前に入手する。

  1　作業の時間、頻度
  2　作業場所
  3　作業者
  4　影響を受ける他の者（請負者、公衆等）
  5　作業者が受けた教育訓練の内容
  6　作業標準、作業手順書の有無と内容
  7　使用する設備、機械類に関する仕様、性能（「機械に関する危険性等の通知書」等）
  8　使用する動力式手工具に関する仕様、性能
  9　機械類の製造者または供給者の指示書
 10　取り扱う材料のサイズ、形状、特性および重量
 11　使用されるユーティリティとそのエネルギー（たとえば圧縮空気）
 12　使用する物質とその特性（「安全データシート（SDS）」の内容等）
 13　関連法令、規格
 14　過去の労働災害等の内容、KYT 等の結果（潜在的災害要因、健康障害の経験）
 15　過去実施したリスクアセスメント結果

情報は、次により入手することができる。

  1　作業手順書やマニュアル
  2　作業者からの聞き取り
  3　機械設備のメーカーや供給者が作成する安全データシート、マニュアル、取扱説明書、使用上の情報
  4　専門知識を豊富に持つ機関または人
  5　安全衛生関係の定期刊行物
  6　厚生労働省「職場のあんぜんサイト」のデータベース（https://anzeninfo.mhlw.go.jp）
  7　厚生労働省から提供される情報
  8　労働災害と災害要因のデータ
  9　作業環境測定等のデータ
 10　健康診断等から得られるデータ
 11　関連する科学、技術文献
 12　ISO 等の標準化機関、業界団体が制定した基準

　なお、ステップは必ずしも①から先に行うということではなく、②のステップから①が明らかになることもあり、これらは表裏一体となって行われることとなる。

（3）リスクの見積り

①　リスクとは

　リスクは、「危険性又は有害性によって生ずるおそれのある負傷又は疾病の重篤度及びその発生の可能性の度合」とされる。たとえば、「負傷又は疾病の重篤度」は、「致命的」、「重大」、「中程度」、「軽度」のように、その程度を示す。また、「発

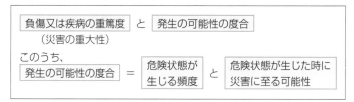

図 2-11-3　リスクの考え方

生の可能性の度合」は、「極めて高い」、「比較的高い」、「可能性あり」、「ほとんどない」のように、可能性の度合を表す。このそれぞれの要素により、リスクの大きさを見積もり、低減のための優先度の設定をする。

　中央労働災害防止協会では、リスクの大きさの見積りを進める際に、よりわかりやすく具体的に表現するために、前記の「発生の可能性の度合」をさらに２つの要素（「危険状態が生じる頻度」、「危険状態が生じた時に災害に至る可能性」）に分けたうえで、労働災害に至るプロセスの順番に応じて並び替えた、「危険状態が生じる頻度」、「危険状態が生じた時に災害に至る可能性」、「災害の重大性」の３つの要素の区分でのやり方を紹介している（②参照）。このうち「危険状態が生じる頻度」は、実際に行われる作業の中には危険状態が発生しやすい作業とそうではない作業があるため、作業そのものの危険性を考慮したものである。したがって、作業が行われる頻度をいうものではない。

② 　リスクの見積り

　代表的な見積りのやり方としてはマトリクスを用いる方法、数値化による方法、リスクグラフによる方法等がある。ここでは、数値化による方法の例を紹介する。

ア 　各要素の区分例

　リスクを、前述の３要素（危険状態が生じる頻度、危険状態が生じた時に災害に至る可能性、災害の重大性）により見積もる場合には、区分を**表2-11-3 〜表2-11-5**のように設定するとわかりやすい。

イ 　要素ごとの各区分の配点と計算方法の例

　要素ごとの区分を設定したら、各区分の配点と、点数に応じたリスクレベルを設定する。配点等およびリスクポイントの計算、リスクレベルの決定は、158 ページの【数値化の具体例】に示すような手順で実施する。

表2-11-3　危険状態が生じる頻度の区分例

頻　　度	内　　容
頻　　繁	1 日に 1 回程度
時　　々	週に 1 回程度
滅多にない	半年に 1 回程度

表2-11-4　危険状態が生じた時に災害に至る可能性の区分例

可能性	内　　容
確実である	安全管理対策がなされていない。表示や標識があっても不備が多い状態。
可能性が高い	防護柵や防護カバー、その他安全装置がない。たとえあったとしても相当不備がある。非常停止装置や表示・標識類はひととおり設置されている。
可能性がある	防護柵・防護カバーあるいは安全装置等は設置されているが、柵が低いまたは隙間が大きい等の不備がある。危険領域への侵入やハザードとの接触が否定できない。
ほとんどない	防護柵・防護カバーで覆われ、かつ安全装置が設置され、危険領域への立入りが困難な状態。

表 2-11-5　災害の重大性の区分例

重　大　性	内　　　容	事　　例
致　命　傷	死亡や永久的労働不能につながる負傷等、障害が残る負傷等	致死外傷、腕・足の切断、失明等著しい難聴、視力低下
重　　傷	休業災害（完治可能な負傷等）	骨折、筋断裂等
軽　　傷	不休災害	ねんざ、裂傷等
微　　傷	手当後直ちに元の作業に戻れる微小な負傷等	打撲、表面的な障害、ダストの目への混入等

（4）リスク低減措置の検討

　リスク低減のための優先度は、リスクレベルの高い順に設定する（同じレベルであればリスクポイントの多い順に）。リスク低減措置の内容は、**図 2-11-4** の優先順位に従って検討する。検討に際しては、次の点に留意が必要である。

　ア　法令に定められている事項は、確実に措置を講じなくてはならない。

　イ　安易に③の管理的対策や④の個人用保護具の使用に頼るのではなく、①の危険な作業の廃止・変更等および②の工学的対策をまず検討し、③および④はその補完的措置と考える。③および④のみの措置とするのは、①および②の措置を講じることが困難でやむを得ない場合の措置となる。

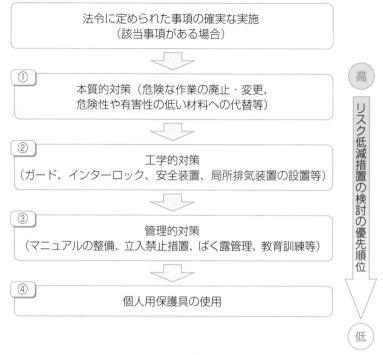

図 2-11-4 リスク低減措置の検討の優先順位

ウ　死亡災害や重篤な疾病をもたらすおそれのある場合であって、適切なリスク低減措置を講じるのに時間を要する場合は、そのまま放置することなく、暫定的な措置を直ちに講じる必要がある。

エ　措置を講じることにより新たなリスクが生じる場合もあるので、措置を講じた後のリスクも見積もり、講じる措置の有効性や改善効果を確認する。

（5）リスク低減措置の実施

リスク低減措置の内容が決まると、いつまでに改善するのか具体的な改善計画を作成して、必要な措置が確実に講じられるようにする。措置が講じられたら、改めて、作業者を含めてリスクを見積もり、講じた措置の有効性や改善効果も確認する。

また、措置後も残るリスク、いわゆる残留リスクがある場合についても、追加する措置があれば追加して改善する。作業者に対しては、これら一連の措置内容について教育訓練などを通じ、周知し徹底することが大切である。

リスクアセスメントの職場での具体的実施方法

(1) リスクアセスメントを実施する具体的手順

リスクアセスメントを職場でいかに実施するか、その手順（**表2-11-6**）が重要となる。

職長の立場からみると、少なくとも、「職場にある危険性又は有害性をどのように洗い出し、特定するか」ということは、職長の職務そのものといえる。なお、リスクの見積りに当たって、判断するための基準が必要となる。これらの基準の策定は事業場全体で決めなければならないが、具体的適用に当たっては、職長の判断が重要なポイントとなる。

これまで実施してきた、KY活動、ヒヤリ・ハット活動などは、危険に関する感受性を高めることから、リスクアセスメントを実施するための基礎となるものである。

手順3、4のリスク低減措置については、まず第1に危険な作業の廃止・変更を検討し、これができない場合にはインターロック等の工学的な対策を次の対策として検討することとなる。このいずれの対策も困難な場合には、マニュアルの策定などの管理的対策、保護具の使用などが検討されることとなる。安易にマニュアルの策定や保護具の使用のみでこれらの対策の代替としてはならない。リスク低減措置の原則は本質安全化なのである。

表2-11-6　リスクアセスメントを実施する手順

手順1：まず、職場にある機械設備や作業環境あるいは作業そのものにどのような危険性又は有害性があるか洗い出し、特定する。 手順2：特定した危険性又は有害性について、リスクの見積りを行う。 手順3：見積もられたリスクについて、低減するための優先度の設定とリスク低減のための措置を検討する。 手順4：リスク低減措置を実施する。

(2) リスクアセスメントを実施するに当たっての留意事項

リスクアセスメントを実施するに当たって職長の役割をまとめると、次のとおりに整理することができる。

① リスクアセスメントを実施（職場に潜む危険性又は有害性を洗い出して特定し、リスクを見積もり、リスク低減措置を検討）するための職場の役割分担、手順等を明らかにしたルールをつくること

【数値化の具体例】

リスクの見積りを数値化による方法で行うことのメリットは、具体的な見積り値が数値で示されるので、誰にでもわかりやすいということ、リスク低減の優先度が明確になることなどがある。また、死亡災害など致命傷となる災害の防止を重視する場合には、その観点から配点することにより、優先度の設定にメリハリがつくことになる。

1　リスク要素の配点とリスクレベル

「頻度」、「可能性」、「重大性」の区分を設定したら、次の2で述べるリスクの算出を前提にして、以下の例のように各区分の配点を行う。

① 危険状態が生じる頻度の配点例

頻　度	点　数
頻　繁	4
時　々	2
滅多にない	1

② 災害に至る可能性の配点例

可　能　性	点　数
確実である	6
可能性が高い	4
可能性がある	2
ほとんどない	1

③ 災害の重大性の配点例

重　大　性	点　数
致命傷	10
重　傷	6
軽　傷	3
微　傷	1

④ リスクレベルに応じたリスク低減措置の進め方例

リスク レベル	リスク ポイント	リスクの内容	リスク低減措置の進め方
Ⅳ	13～20	重大な問題がある	リスク低減措置を直ちに行う 措置を行うまで作業を停止する（注1）
Ⅲ	9～12	問題がある	リスク低減措置を速やかに行う
Ⅱ	6～8	多少の問題がある	リスク低減措置を計画的に行う
Ⅰ	3～5	問題はほとんどない	必要に応じてリスク低減措置を行う（注2）

注1、注2については、166ページを参照。

2　リスク見積りの計算方法

リスクの大きさは、「頻度」、「可能性」、「重大性」の組み合わせで見積もる。組み合わせには、足し合わせすることが一般的である。リスクポイントは、この組み合わせによるリスクの見積りを数値化したもので、リスクの大きさを表すリスクレベルとなりリスク低減の優先度が決定する。

{たとえば} 足し算によりリスクポイントを求める場合は、次の計算式により算定する。

危険状態が生じる頻度　＋　災害に至る可能性　＋　災害の重大性　＝　リスクポイント
（2点）　　　　＋　　　（4点）　　　＋　　　（6点）　　＝　　　12点

リスクポイント12点を④の「リスクレベル」に当てはめると、リスクレベルは安全衛生上問題があるⅢとなり、速やかにリスク低減措置を行うことが必要となる。

② リスクアセスメント結果などをもとに、事業場の安全衛生計画を具体化した職場の安全衛生実行計画を作成すること

③ ②の安全衛生実行計画を部下が確実に実施できるように、役割分担、手順等を定めること

④ ①のリスクアセスメント、②の安全衛生実行計画を部下が継続的に維持・展開するために、①、③で定める役割分担、手順等は、職場内の要領、標準書等の文書により明確にすること

なお、具体的な安全衛生実行計画の作成方法、実施、評価、改善等については、参考1「第2章　OSHMS の導入と職長の役割」の「2　職長に要請される今後の技術的課題」および参考1「第3章　職場の安全衛生実行計画」を参照。

3　リスクアセスメントの意義と効果

リスクアセスメントを適切に実施し、本質安全化（第4章の4「本質安全化とは」（58 ページ）参照）に向けたリスク低減措置を講じていくと、確実に職場の安全衛生水準の向上に結びついていく。また、リスクアセスメントの導入により、次のような効果が期待できる。

① リスクに対する認識が共有できる。

　　現場の作業者の参加を得て職長とともにリスクアセスメントを進めるので、リスクに対する認識が職場全体で共有できる。

② 本質安全化を主眼とした技術的対策への取組みが進む。

　　リスクレベルを真に下げていくことは、本質安全化を主眼とした技術的対策への取組みを促進させていくことになる。

③ 安全衛生対策の合理的な優先度が決定できる。

　　リスクを許容可能なリスク以下にするように低減対策を実施する必要があり、どのリスクから措置を講じていくか、その優先度を決定すると、合理的かつ計画的な対応ができる。

④ 費用対効果の観点から合理的で有効な措置が実施できる。

　　優先度の設定を踏まえ、緊急性と人材や資金など必要な経営資源が具体的に検討されるので、費用対効果の観点から合理的で有効な措置を実施することができる。

⑤ 残留リスクに対して「守るべき決めごと」の理由が明確になる。

　技術的、時間的、経済的にすぐに本質安全化によるリスク低減措置が実施できない場合、必要な暫定措置を講じた上で、対応を作業者の注意に委ねることになる。この場合でも、リスクアセスメントに作業者が参加していると、なぜ注意しなければならないか理解されているので、守るべき決めごとが守られるようになる。

4　リスクアセスメントに基づく機械設備の安全化

（1）機械製造者が実施する機械設備の安全化

　機械はあらかじめどのように使われるかが想定されるので、まずは設計・製造段階で機械自体に危険源の隔離や停止の機能を組み込んで安全化を図り、使用段階でこうした機械を安全に使用することを原則とする。すなわち、機械の製造者は設計段階からリスクアセスメントを実施し、保護方策を行った機械製品を、使用上の情報（残留リスク、安全上の注意事項）と一緒に提供することが求められている。

　このため、すべての機械に適用できる「機械の包括的な安全基準に関する指針」（151 ページの※ 3）が公表され、**図 2-11-5** のように機械のメーカー、ユーザーそれぞれが実施すべき事項が定められている。

（2）機械設備の使用者が実施するリスクアセスメント

　機械設備を導入し、労働者に使用させる事業者の実施するリスクアセスメントは、図 2-11-5 の「機械を労働者に使用させる事業者の実施事項」の欄に示したリスクアセスメント手順に従って実施する。

　機械製造者からの残留リスクなど使用上の注意事項を確認して、改めて、使用者として行わなければならない。

5　リスクアセスメントに基づく健康問題等への対応

（1）化学物質のリスクアセスメント

　平成 28 年 6 月施行の改正労働安全衛生法により、安衛法第 57 条第 1 項に規定する表示義務の対象物および通知対象物について、リスクアセスメントの実施が

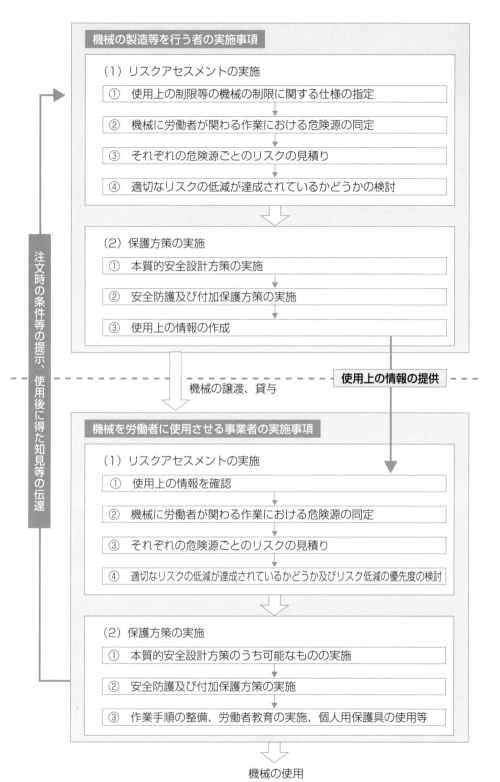

図 2-11-5　機械包括安全指針に基づく機械の安全化の手順
（「機械の包括的な安全基準に関する指針」（厚生労働省）より、一部改変）

義務付けられた（安衛法第 57 条の 3 第 1 項）。また、職長は、化学物質管理者や保護具着用管理責任者（令和 6 年 4 月 1 日選任の義務化）とともに適切に実施することが求められる。

① 実施手順

　実施手順は、

ア　実施体制の整備

イ　情報の入手等

ウ　危険性又は有害性の特定

エ　リスクの見積り

オ　リスク低減措置の検討、実施

カ　リスクアセスメント結果の記録の作成・保存、労働者への周知等

となり、「危険性又は有害性等の調査等に関する指針」（151 ページの※ 1）と基本的な骨格は同じである。

② 化学物質危険有害性情報の入手等

　化学物質の引火性や発がん性等の危険有害性の各項目について一定の基準に従って分類し、その結果をラベルや SDS（安全データシート）等に情報として示すことで、災害防止および人の健康や環境の保護に役立てようとする国連勧告「化学品の分類および表示に関する世界調和システム（GHS）」が各国で導入されている。

　労働安全衛生法に基づく表示および文書交付制度は、GHS 国連勧告に基づいており、化学物質の容器などには同勧告の危険性・有害性の程度などに基づく絵表示等を付すこととされている。化学物質を取り扱う場合には、容器に付されたラベル表示や交付された SDS などに基づき自主的に労働災害防止措置を講ずることが必要である。化学物質のリスクアセスメントでは、対象業務等を洗い出した上で、SDS に記載されている GHS 分類などに基づき危険性（爆発・火災等）又は有害性（健康障害）の特定を行う。

③ リスクの見積り

　化学物質による健康障害防止のためのリスクアセスメントでは、リスクの見積りに関しては、次の方法等がある。

ア　測定値のない場合など定性的に評価する方法

イ　作業環境測定結果など定量的なばく露状況を用いる方法

アの簡便化した手法として、コントロール・バンディングとクリエイト・シ

ンプルなど支援ツールを活用する方法がある。コントロール・バンディングは、
「化学物質の有害性」、「物理的形態（揮発／飛散性）」、「取扱量」の3要素の
情報から、リスク程度を4段階にランク分けし、ランクに応じた一般的な対
策を実施するものである。クリエイト・シンプルは、取扱い条件（取扱量、含
有量、換気条件、作業時間・頻度、保護具の有無等）から推定したばく露濃度
とばく露限界値（またはGHS区分情報）を比較する方法で、サービス業や試
験・研究機関などを含め、あらゆる業種の化学物質取扱事業者に向けた簡易な
リスクアセスメントツールである。これらのツールは、「職場のあんぜんサイト」
で入手・実行できる（参照　https://anzeninfo.mhlw.go.jp/user/anzen/
kag/ankgc07_1.htm）。イの手法はすでに化学物質を取り扱い、測定結果が
ある場合に利用され、作業者のばく露状況を見積もり、日本産業衛生学会の「許
容濃度」などの職業性ばく露限界値等を用いて実施する。

（なお、化学物質による爆発・火災等防止のためのリスクアセスメントでは、リス
クの見積りに関しては、1（3）②で触れたマトリクスや数値化、リスクグラフに
よる方法のほか、化学プラント等の化学反応のプロセス等による災害のシナリオを
仮定して、その事象の発生可能性と重篤度を考慮する方法等がある。「職場のあん
ぜんサイト」では簡便な「スクリーニング支援システム」を公開しており、チェッ
クフローの質問に答えていくだけで、代表的な爆発・火災等の危険性、リスクにつ
いて知ることができる（参照　https://anzeninfo.mhlw.go.jp/user/anzen/kag/
ankgc07_2.htm）。）

（2）健康問題（暑熱、腰痛等）への対応

　化学物質のリスクアセスメント以外に、暑熱作業のリスクアセスメント、腰痛の
リスクアセスメントなど種々のリスクアセスメントも紹介されている。下記のリス
クアセスメント用マニュアル等を参照の上、具体的な推進を図る。
　①　暑熱作業のリスクアセスメント（https://www.jisha.or.jp/research/
　　　report/201503_02.html）
　　　熱中症の発症の要因を、
　　ア　環境要因（暑熱な環境）
　　イ　作業要因（身体作業強度、休憩スケジュール等）
　　ウ　衣服・装備要因（通気性の悪い服装等）
　　エ　作業者要因（水分塩分不足、暑熱未順化、個人の身体状況、教育不十分等）

と分類し、これらの要因ごとのリスクを見積もり、総合的リスク評価を実施する。

対策は、上記の個別要因単位で暑熱環境レベルの改善を進める。

②　腰痛のリスクアセスメント（https://www.mhlw.go.jp/stf/houdou/2r98520000034et4-att/2r98520000034mtc_1.pdf）

次のような作業態様別の腰痛発生要因を特定し、対策を講じる。

ア　重量物取扱い作業

イ　立ち作業

ウ　座り作業

エ　福祉・医療分野等における介護・看護作業

オ　車両運転等の作業

●まとめと討議テーマ●

●まとめ

①　リスクとは、「負傷又は疾病の重篤度」と「その発生の可能性の度合」の組み合わせである。

②　リスクアセスメントは、職場の危険性又は有害性を洗い出して特定し、リスクを見積もり、リスク低減の優先度を明らかにし、具体的なリスク低減措置を講じることを体系的に進める手法である。

③　職場の危険性又は有害性やリスクの見積りに必要な情報は、職長が一番詳しく豊富に持っている。

④　作業と設備のリスクアセスメントだけでなく、化学物質、暑熱、腰痛など職場に潜む危険性・有害性も対象として実施する。

●討議テーマ

①　事例により、リスクアセスメントの練習

②　事例により、対策が必要かどうかの検討

6 リスクアセスメント実施例

表2-11-7（次ページ）のリスク見積り・評価基準（例）により、リスクアセスメントを実施した事例1〜4を167〜170ページに示す。また、化学物質のリスクアセスメントを実施した事例5、6を参考として171〜172ページに示す。

No.	区　分	タ　イ　ト　ル
事例 1	作業・機械	カバーを開閉する作業ではさまれ
事例 2	作業・機械	高所のメンテナンス作業で転落
事例 3	作業・機械	通路にはみ出た設備と接触
事例 4	作業・機械	高い位置への材料補充で腰痛
事例 5	化学物質	測定値のない場合の化学物質のリスクアセスメント記録表（アセトン）
事例 6	粉じん	測定値のない場合のリスクアセスメント記録表（粉じん）

表2-11-7 リスク見積り・評価基準（例）

1「危険状態が生じる頻度」基準例

頻　　度	評価点	内　　容
頻　　繁	４点	１日に１回程度
時　　々	２点	週に１回程度
滅多にない	１点	半年に１回程度

2「危険状態が生じた時に災害に至る可能性」基準例

可能性	評価点	内　　容
確実である	６点	安全対策がなされていない。 表示・標識があっても不備が多い状態。
可能性が高い	４点	防護柵や防護カバー、その他安全装置がない。 たとえあったとしても相当不備がある。 非常停止装置や表示・標識類はひととおり設置されている。
可能性がある	２点	防護柵・防護カバーあるいは安全装置等は設置されているが、柵が低いまたは隙間が大きい等の不備がある。危険領域への侵入やハザードとの接触が否定できない。
ほとんどない	１点	防護柵・防護カバーで覆われ、かつ安全装置が設置され、危険領域への立入りが困難な状態。

3「災害の重大性」基準例

重大性	点　数	内　　容	事　　例
致命傷	10点	死亡や永久的労働不能につながる負傷等、障害が残る負傷等	致死外傷、腕・足の切断、失明等著しい難聴、視力低下
重　傷	６点	休業災害（完治可能な負傷等）	骨折、筋断裂等
軽　傷	３点	不休災害	ねんざ、裂傷等
微　傷	１点	手当後直ちに元の作業に戻れる微小な負傷等	打撲、表面的な障害、ダストの目への混入等

> リスクポイント(評価点合計)＝「危険状態が生じる頻度」＋「災害に至る可能性」＋「災害の重大性」

4　リスクレベルに応じたリスク低減措置の進め方例

リスクレベル	リスクポイント	リスクの内容	リスク低減措置の進め方
Ⅳ	13～20	安全衛生上重大な問題がある	リスク低減措置を直ちに行う 措置を行うまで作業を停止する（注１）
Ⅲ	9～12	安全衛生上問題がある	リスク低減措置を速やかに行う
Ⅱ	6～8	安全衛生上多少の問題がある	リスク低減措置を計画的に行う
Ⅰ	3～5	安全衛生上問題はほとんどない	必要に応じてリスク低減措置を行う（注２）

注１：「リスクレベルⅣ」は、事業場として許容不可能なリスクレベルであり、リスク低減措置を行うまでは、作業中止が必要となる。しかし、技術的課題等により、適切なリスク低減の実施に時間を要する場合には、事業者の判断により、それを放置することなく、実施可能な暫定的な措置を直ちに実施した上で作業を行うことも可能とする。

注２：「リスクレベルⅠ」は、事業場として広く受容れ可能なレベルであり、追加のリスク低減措置の実施は原則として不要である。ただし、安全対策が後戻りしないように、適切なリスク管理は必要となる。

事例 1　カバーを開閉する作業ではさまれ

労働災害に至るプロセス

　機械上に設置された専用カバーを開閉すると
き、作業姿勢に無理があり、動作中に手を滑らせ
カバーが落下し、手指をはさみ、骨折する。
（危険性又は有害性（ハザード）：カバー）

リスクの見積り

リスク見積り			評　価	
頻度	可能性	重大性	リスクポイント	リスクレベル
2	6	6	14	Ⅳ

リスク低減措置の内容

　カバーの開閉時の力を補助するための機構がな
かったので、ガススプリング方式を新たに採用し、
改修した。

低減措置後の結果

　軽い力で開閉動作が可能となり、作業姿勢も改
善できた。

軽い力で
開閉可能

　また、カバー重量とガススプリングの反発力を
調整することにより、カバーが途中位置で静止す
るようになったため、手を離してもカバーが落下
する危険性が少なくなった。

手を離しても
落下しない！

低減措置後のリスク見積り			低減措置後の評価	
頻度	可能性	重大性	リスクポイント	リスクレベル
2	1	6	9	Ⅲ

事例２　高所のメンテナンス作業で転落

労働災害に至るプロセス

　１階の高所に設置されたバルブを点検するとき、立掛式のはしごを使用しているので、作業中に足を滑らせて転落し、全身を強打する。
（危険性又は有害性（ハザード）：高所）

リスクの見積り

リスク見積り			評　価	
頻度	可能性	重大性	リスクポイント	リスクレベル
2	2	10	14	Ⅳ

リスク低減措置の内容

　バルブを１階の高所から、２階の床面に移設した。

低減措置後の結果

　はしごを使用する必要がなくなったため、転落する危険性がなくなった。

低減措置後のリスク見積り			低減措置後の評価	
頻度	可能性	重大性	リスクポイント	リスクレベル
―	―	―	―	―

（上記の低減措置により、リスク評価の対象となる作業がなくなった。なお、新たな作業方法による新たなリスクの発生については、別途、検討する必要がある。）

事例 3　通路にはみ出た設備と接触

労働災害に至るプロセス

通路を歩行中、通路側に設備の一部がはみ出ているのに気付かず、足をぶつけて、打撲する。
（危険性又は有害性（ハザード）：通路にはみ出した設備）

リスクの見積り

リスク見積り			評　価	
頻度	可能性	重大性	リスク ポイント	リスク レベル
4	2	3	9	Ⅲ

リスク低減措置の内容

通路側にはみ出ている設備の一部の向きを真下に変更し、通路上に障害物がないようにした。

低減措置後の結果

通路上に障害物がなくなり、周辺が暗いときでも安全に通路を歩行することができるようになった。

低減措置後のリスク見積り			低減措置後の評価	
頻度	可能性	重大性	リスク ポイント	リスク レベル
―	―	―	―	―

（上記の低減措置により、リスク評価の対象となる作業がなくなった。なお、新たな作業方法による新たなリスクの発生については、別途、検討する必要がある。）

事例４　高い位置への材料補充で腰痛

労働災害に至るプロセス

　ラッピングフィルムのローラー（約30kg）を交換するとき、ローラーを高い位置にあるフィルム装填箇所まで階段を使って持ち上げている（8～12本交換／日）ので、腰痛になる。

（危険性又は有害性（ハザード）：ローラー重量）

1,200mm

リスクの見積り

リスク見積り			評　価	
頻度	可能性	重大性	リスクポイント	リスクレベル
4	2	3	9	Ⅲ

リスク低減措置の内容

　ローラー交換に電動リフターを採用した。

1　電動リフターでフィルム装填の高さまで持ち上げる。

2　電動リフター上にフリーローラーを取り付け、そのまま装填箇所に移動させる。

低減措置後の結果

　フィルムの装填作業が容易になり、重量物の運搬がなくなり作業負荷が減った。

低減措置後のリスク見積り			低減措置後の評価	
頻度	可能性	重大性	リスクポイント	リスクレベル
－	－	－	－	－

（上記の低減措置により、リスク評価の対象となる作業がなくなった。なお、新たな作業方法による新たなリスクの発生については、別途、検討する必要がある。）

事例 5　測定値のない場合の化学物質リスクアセスメント記録表（アセトン）

RA 実施日	○○年○月○日		RA 実施者			
作業場名	○○製造プラント（屋外）		作業内容	ストレーナー清掃		
評価物質	アセトン		取扱量	1L 以下	沸点	56.5℃

1．有害性のレベル分け（該当するものを○で囲む）

グループ A	グループ B	グループ C
（グループ D）	グループ E	（グループ S）

〈参考〉化学物質の有害性によるレベル分け

グループ	GHS 区分を基にした有害性分類と区分	
グループ D	急性毒性－経口、経皮、吸入 発がん性 特定標的臓器毒性－反復ばく露 生殖毒性	区分 1、2 区分 2 区分 1 区分 1、2
グループ S	眼刺激性 皮膚腐食性／刺激性 皮膚感作性 急性毒性（経皮） 特定標的臓器毒性（単回ばく露）（経皮） 特定標的臓器毒性（反復ばく露）（経皮）	すべての区分 すべての区分 すべての区分 すべての区分 区分 1、2 区分 1、2

2．取扱量のレベル分け（該当するものを○で囲む）

（少量）	中量	大量

3．飛散性または揮発性のレベル分け（該当するものを○で囲む）

低	（中）	高

4．リスクレベルの評価（該当するものを○で囲む）

リスクレベル	I　II　（III）　IV	グループ S 該当の有無	（有）　無

5．リスク低減対策

・有機溶剤中毒予防規則で定められた事項の実施（作業主任者の選任等）

・ストレーナーを切替え後、窒素ブローにより内部を乾燥させてからストレーナーを取り出す

・作業頻度が少なく屋外作業であるが、防毒マスクを使用する

・作業手順を定める

・ばく露量の測定および結果に基づく対応

・作業手順および緊急時の対応、化学物質の有害性などを教育する

・トラブル対応のための、洗身施設、洗眼設備、保護具の備え付け

（出典：『衛生管理者のためのリスクアセスメント』（第 3 版）中央労働災害防止協会　2016 年）

事例 6　測定値のない場合の化学物質リスクアセスメント記録表（粉じん）

RA 実施日	○○年○月○日	RA 実施者	
作業場名	○○製造	作業内容	充塡作業
対象物質	樹脂ペレット	取扱量	10kg

1．有害性のレベル分け（該当するものを○で囲む）

グループ A	グループ B	グループ C	グループ D

〈参考〉粉じんの有害性によるレベル分け

有害性のレベル	粉じんの種類	
グループ A	第 3 種粉じん	石灰石、その他の無機および有機粉じん

2．取扱量のレベル分け（該当するものを○で囲む）

少量	中量	大量

3．飛散性のレベル分け（該当するものを○で囲む）

低	中	高

4．リスクレベルの評価（該当するものを○で囲む）

リスクレベル	Ⅰ　Ⅱ　Ⅲ　Ⅳ

5．リスク低減対策

・作業手順を定め作業を行う

・全体換気装置を稼働させる

（出典：『衛生管理者のためのリスクアセスメント』（第 3 版）中央労働災害防止協会　2016 年）

労働災害防止についての関心の保持および労働者の創意工夫を引き出す方法

この章で学ぶこと

① 職場の問題解決を図ることは職長の重要な役目である。ここでは、第1に、ヒューマンエラーの特徴について、その形態、原因、対策等を学び、第2に、「部下への動機づけ、またいかに部下を動かすか」等、職長として必要な技術について学ぶ。

② 作業者から労働災害防止について創意工夫を引き出すには職長が中心となって行う必要がある。ここでは、第1に、職場の創造力を高める雰囲気づくりを図り、グループとして活性化すること、第2に、作業者一人ひとりの創造力を高める方法について学ぶ。

近年の災害発生の原因を設備、職場の「不安全状態」、作業者による「不安全行動」の両面より考えるとき、ヒューマンエラーに関する理解は欠かすことができない。そこで、まず、第1にヒューマンエラーの形態、原因、対策等の特徴について最初に述べ、その後、労働災害防止に関する動機づけならびに安全衛生活動の進め方について述べる。

次いで、作業者の労働災害の防止についての関心を高め、創意工夫を引き出す方法について述べる。

1 ヒューマンファクター

すでに述べたように（第2編第7章 作業手順の定め方 図2-7-1）、仕事とは、製造現場であれば、ある作業環境の中で作業者が設備や機械を使って原材料を加工して製品をつくることである。そのためには、職場の中にある設備や機械と作業者がそれぞれの長所を生かし、互いの短所を補うような関係にあることが望ましい。では、機械と人の長所、短所はどのようなものであるだろうか。その内容を**表2-12-1**に示す。

このように、作業の現場を人と機械設備の組み合わせとして考えたとき、人の役

表2-12-1　機械設備と人の長所と短所

	機械設備	人
長所	・決められたことを決められたとおりに確実に実行する ・高速、強力、大量の処理ができる ・苛酷な環境にも耐え疲れない ・極微小のものも検出器の能力さえあれば対処できる	・状況を判断し変化を予測して柔軟に対応する ・決められていないことでも必要と思えば実行する ・熟練や教育によって能力を向上させることができる
短所	・故障や外乱に対して適応できない ・自己回復や自分の能力を向上することはできない	・処理能力に限界があり、疲れ、緊張、あせり、心配事など感情に支配されミスを犯しやすい

割や要因を「ヒューマンファクター」といい、特に意図しない行動の結果、異常な状態、事故、災害につながった人に係わる要因を「ヒューマンエラー」という。

　人はミスするもの、機械は故障するものと考えて、機械設備の本質安全化を図ることは第４章で述べたとおりであるが、ここでは、ヒューマンエラーとその防止方法について考えてみよう。

（1）ヒューマンエラーの発生形態

　事故や災害が発生した場合、人の側の問題点として「知らなかった」、「できなかった」、「やらなかった」という問題があることは前に述べたとおりであるが、もう１つ大きな問題として「ついウッカリした」というものがある。この「ウッカリ」することは人の特性であり、完全になくすことは不可能である。しかし、それはどんなものか、どんな時に起きやすいかなどを知り、適切な対応をとれば「ウッカリ」を少なくすることは可能である。人がこれらのヒューマンエラーを「つい」犯してしまうのは、次のようなときである。

　①　「判断の甘さ」―この程度なら大丈夫と思った

　②　「習慣的な動作」―反射的に手を出した、いつものように安易に行動した

　③　「注意転換の遅れ」―あることに集中しすぎて、他の危険に気付かなかった

④ 「思い込み省略」—いつものことと思い確認しなかった

⑤ 「情報処理の誤り」—読み違い、聞き違い、早合点、勘違い

　このようなエラーは熟練作業者に多く見かけるもので、熟練による反射的な行動が災害の原因になることもあると心しなければならない。

（2）ヒューマンエラー対策

　ヒューマンエラー対策として、「労働災害防止についての動機づけ」（次項参照）とともに、設備環境などヒューマンエラーを起こしやすくする要因を減少させるものとして、4 つの M を強化することが重要である。

① Man（人間関係）の強化

　　適正配置と監督・指示および指導・教育で述べたように、仕事に関する指示を通りやすくし、話し合いをよくするなど職場の人間関係を良くしてヒューマンエラーの防止に努める。

② Machine（機械設備や設備環境）について

　　設備の本質安全化と人間工学的配慮、すなわち使いやすい間違いにくいものに改善する。

③ Media（仕事のやり方や連絡の方法など）について

　　危険に気付く仕組みを強化する。作業指示書や手順書を積極的に活用して、作業の中の危険の存在を明確にして、ツール・ボックス・ミーティングなどの活発化を図る。

④ Management（安全管理を進める仕組み）の強化

　　職場の一人ひとりの役割分担を明らかにして監督・指示、計画的な教育の実施と職場の問題点を解決する具体的な安全活動を P（計画）D（実施）C（チェック）A（改善）の管理サイクルを確実に実行することにより、活性化を図る。

　このように職長は、4 つの M に目を向けてヒューマンエラーの発生を可能な限り減少させることによって、職場から事故や災害を根絶する気概を持つことが必要である。

2 　労働災害防止についての動機づけ

　労働災害の防止を図るためには、労働災害防止について作業者の関心を高め、作業者が自主的に安全衛生を考え、かつそれを職場の改善活動に移すよう、「的確な動機づけ」を図ることが大切である。

　「労働災害防止について関心を高める」ということは、これまで学んできた作業方法・設備・職場環境の現状、および作業者に対する監督・指導のあり方について、どこに問題点があるのか、常に職長として考え作業者に自分の職場について関心を持たせることが職場のリーダーとして重要である。そのためには、職場の問題を解決するために、現状の作業方法・設備・職場環境のリスクアセスメントによるリスク低減対策等を実施するための計画（次項参照）の策定が重要となる。また、問題解決意識の向上を目指し、的確な動機づけを図ることである。動機づけには、外的なものと内的なものとさまざまな手段がある（**表 2-12-2**）。動機づけについて、**図 2-12-1** に示す。

表 2-12-2　外的および内的動機づけ

① 　外的な動機づけ（視聴覚による）
・見せる、聞かせる　　⇒　ポスター、写真、図、表、プレゼンテーション、動画、DVD など
・話す、教える　　　　⇒　安全訓話、講演、ミーティングなど
・褒める、いましめる　⇒　無災害記録賞、改善提案賞を創設する。
② 　内的な動機づけ（心理、精神的気づき）
・災害事例　　　　　　⇒　ヒヤリ・ハット体験、災害事例を生かす。
・懲戒　　　　　　　　⇒　ルール違反者に対して実施する。
・自尊心を生かす　　　⇒　能力、先輩としての誇り、役割意識を持たせる。
・人間の欲求 5 段階（マズロー）説の利用

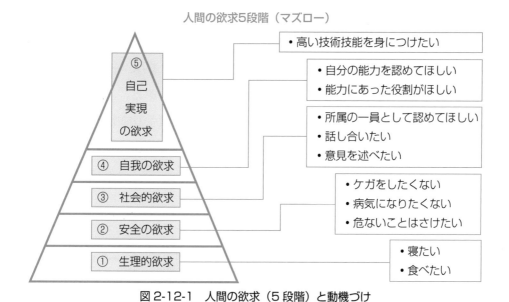

図 2-12-1　人間の欲求（5 段階）と動機づけ

3　安全衛生活動の進め方

　安全衛生活動が活性化すればするほど作業者は自分の職場における問題点、不具合な点を数多く見つけることができる。さらに、多くの問題点を抽出・発見すればするほど効率的に解決するための計画の策定が必要となる。この計画が、職長にとって具体的に活動を実行するうえで重要であり、職場の安全衛生計画となる。職長は、この計画の意義を十分に理解し、確実に推進する力をつけなければならない。

（1）安全衛生実行計画は全員参加で推進

　安全衛生実行計画は、職場の問題を解決する仕組み（PDCA）をつくり、全員が参加できるように役割分担を明確にし、職場の小集団活動（グループ活動）なども活用して事業場が組織一丸となって推進しなければならない（**図 2-12-2**（次ページ））。作業者一人ひとりが参加することにより、**表 2-12-3** のような喜び、効果を生むことが期待できると同時に、新たな活動への「動機づけ」にもつながる。

表 2-12-3　作業者の喜び、派生効果

・ケガや病気から身を守る喜び	⇒自己防衛
・集団の一員として認めてもらう喜び	⇒集団参加
・自分の意見が述べられる喜び	⇒自己主張
・役割を分担して体験できる喜び	⇒役割意識
・話し合うことにより勉強できる喜び	⇒自己啓発

(2) 安全衛生実行計画の推進に当たり職長が留意すべき事項

　小集団活動は職長が中心となって推進していくこととなるが、その代表的なものに、ゼロ災活動、危険予知活動、QC 活動、TPM 活動がある。これらの活動は、職場の問題を解決するために、4 段階（事実の確認―問題点の抽出－原因の確定―対策の樹立と実施）の手順を踏んで進め、全員が参加する職場中心の活動である（図2-12-2）。

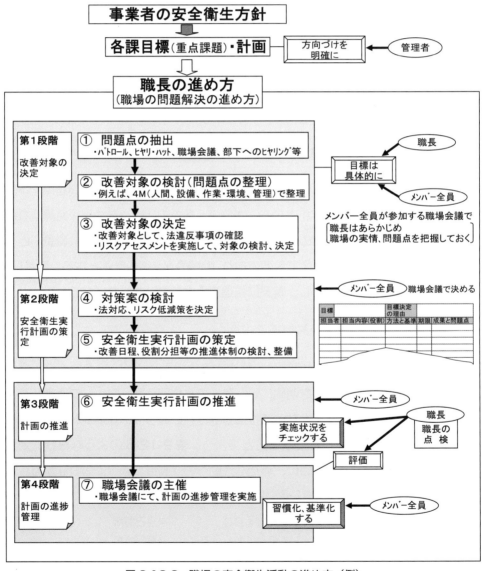

図 2-12-2　職場の安全衛生活動の進め方（例）

　職長が小集団活動により、安全衛生実行計画の推進をするときに留意すべき事項は、次のようなものである。

- 作業者の活動への参加はさまざまな喜びの効果を生むだけに、作業者の欲求がどこにあるかをよく知ること。
- 活動内容の職場内での価値、位置づけ等、そのニーズを明確にすること。
- 活動は計画的に実施し、活動成果を必ず評価できるように到達目標レベルを明確にすること。
- 活動成果の評価ができない活動は、必ずマンネリ化を招くことを理解すること。
- 良いチームワークづくりに努力すること。
- 自己啓発に努めること。

4　創意工夫の必要性

　創意工夫とは、作業者が職場で体験したこと、または、これまでの人生経験で身につけた知識、技能、態度などを基にして、機械設備の改善提案や作業手順の見直しをすることである。

　作業者から災害防止についての創意工夫を引き出すには、職長が中心となって、職場の創意工夫を高める雰囲気づくりを行い、作業者の創造力を育てていくことが必要である。

5　職場の創意工夫を高める雰囲気づくり（⇒グループの活性化）

　職場の創造活動を高める雰囲気づくりは、職長が部下の創造性を育てることに関心を強く持つことが必要であり、職場に創造的雰囲気をつくる努力が、職長になければならない。

　組織、グループの活性化のためには、3つの具体的手段が必要となる。

（1）目標に対する達成度を評価すること

　現在職場で実施している諸活動（たとえば、パトロール、ヒヤリ・ハット報告、安全日誌など）を通して出てきた問題点を整理・把握し、データ（資料）を視覚に訴える形にまとめる。視覚化ができれば、目標レベルを明確にでき、おのずと評価も

可能となる。評価のできない活動は、必ずマンネリ化を招く。組織、グループの活性化のためには、諸活動を評価し、見直すべき事案があったら、見直し、改善を図る。

（2）競争原理を働かせること

個人またはグループに対し、労働能力に適応した問題点を課題（テーマ）として与え、考えさせ解決を図り、改善提案をさせることにより競争原理の働く場面をつくる。

（3）改善提案の成果を明確にすること

改善提案された良い考え、提案を確実に実行するとともに賞賛するなどして、刺激を与えることが必要である。また、会社の表彰制度を活用することも有用である。

6　作業者一人ひとりの創造力を高める方法（⇒個人個人の活性化）

職長は、職場の雰囲気づくりと同時に、作業者の労働能力を高めながら**表2-12-4**にみられる6項目の創造力を高めることが望まれる。しかし、これらの能力すべてを持ち合わせている者は少ないので3〜4名がグループとなり、集団思考で改善提案をすると持ち味が生かされ、これらの能力が発揮できる。

作業者一人ひとりの創造力を高めるための個別指導視点を以下に示す。

① 常に問題意識を持たせること。現状に満足しているようでは新しい発想は生まれない。

② 誰でも創意工夫ができることを理解させ、自信を持たせること。

③ まったく違った角度から物事をみるようにさせること。

④ どんな小さなアイデアでも受け入れ、その功をたたえること。それが本人の自信につながり、創意工夫への意欲を伸ばすことになる。

表2-12-4　育てたい6項目の創造力

① 問題意識を持ち、作業から問題点を発見する能力……………………問題発見能力
② 基礎知識を生かし、それを応用することができる能力……………応用力
③ 古いものを捨て、新しいものを取り入れる柔軟な思考力………思考力
④ 新しいヒントに従い、新しいアイデアを出すことができる………空想力
⑤ アイデアを出し、それを組み立てていく能力………………………構成力
⑥ まとめ上げ、新しいアイデアのものを使えるようにする…………完成力

●まとめと討議テーマ●

●まとめ

① ヒューマンエラーの発生形態には、「判断の甘さ」など 5 つのパターンがある。

② ヒューマンエラーの発生防止には、4 つの M（人、機械、仕事のやり方、管理）の視点より、具体的手段を考え対応する。

③ 「労働災害防止についての関心を高める」ということは、作業者に自分の職場について関心を持たせ、的確な動機づけを図ることである。

④ 動機づけの手段には、外的なものと、内的なものとさまざまな手段がある。

⑤ 職場の多くの問題点を効率的に解決する計画が、安全衛生実行計画である。

⑥ したがって、職長は、安全衛生実行計画の意義を十分に理解し、確実に推進する力をつけなければならない。

⑦ 職場単位での安全衛生実行計画は、小集団活動による全員参加で推進することが有効である。

⑧ 職場の活性化のためには、3 つの手段を有効に使う。

⑨ 一人ひとりの作業者の能力向上には、6 項目の創造力（180 ページ）がある。

●討議テーマ

① ヒヤリ・ハット事例について、ヒューマンエラーの発生形態別に分類し、その要因を 4M（175 ページ）で分析し、対策を検討する。

② 安全衛生実行計画の推進の役割分担について整理する。

③ 安全衛生実行計画の重点実施事項の達成度について評価する。

④ 職場の創造力を高める 3 つの活性化手段（179 ページ）をどのように活用しているか。

⑤ 作業者一人ひとりについて、6 項目の創造力（180 ページ）のうち一番優れている点、一番遅れている点はどこかを明確にし、一人ひとりの創造力を高めるための手段を検討する。

参考1　職長の立場よりみた労働安全衛生マネジメントシステム(OSHMS)

　労働安全衛生マネジメントシステム（Occupational Safety and Health Management System。以下「OSHMS」という。）は、品質マネジメントシステム（ISO9001）、環境マネジメントシステム（ISO14001）等と同様に、ISO[1]が国際規格化を行い、平成30年3月に「ISO45001」が発行された。日本国内においては、ISO45001を日本語に翻訳したJIS Q 45001[2]と、これに日本独自の安全衛生自主活動などを盛り込んだJIS Q 45100が平成30年9月に制定された。

　厚生労働省は「労働安全衛生マネジメントシステムに関する指針」（以下「OSHMS指針」という。）を平成11年に示し、リスクアセスメントを盛り込む改正を平成18年に行い、ISO、JISの制定に合わせた改正を令和元年7月に行っている。

　今般のOSHMS指針改正により、①「同一法人の2以上の事業場」をひとつの実施単位とすることができるとされ、②安全衛生計画に含む事項として、「健康の保持増進のための活動の実施」、「健康教育」に関する事項が追加されるなど、第三次産業等での労働災害防止の推進や、健康経営・健康保持増進活動の強化といった最近の課題が反映されたOSHMSとなっている。

　今後、安全衛生管理推進の基盤として、これまで以上にOSHMSの導入・運用が促進されることとなり、職長の職務内容にも影響を与えることになる。ここでは、OSHMSの概要を紹介するとともに、今後の職長の役割について、改めて考える。

※1　ISO：国際標準化機構（International Organization for Standardization）
※2　JIS：日本産業規格（Japan Industrial Standards）

第 1 章　OSHMS とは何か

この章で学ぶこと

　今後の安全衛生管理の枠組みとなる OSHMS の概要とその基本的な考え方について学ぶ。

1　OSHMS の目的

　OSHMS とは、事業者が労働者の協力の下に、安全衛生方針と目標を設定し、PDCA のサイクルを回しながら、自主的に安全衛生管理を日常業務の中で行うことにより、事業場の安全衛生水準を向上させて労働災害の防止を図り、労働者の健康の増進および快適な職場環境の形成の促進をするものである。これは、「経営者を始め全員参加による安全衛生管理のライン化」の徹底といえる。

　このことは、OSHMS 指針の第 1 条に、「事業者が労働者の協力の下に…行う自主的な安全衛生活動を促進することにより、…事業場における安全衛生の水準の向上に資すること」を目的としていることからも明らかである。

（目的）

第 1 条　この指針は、事業者が労働者の協力の下に一連の過程を定めて継続的に行う自主的な安全衛生活動を促進することにより、労働災害の防止を図るとともに、労働者の健康の増進及び快適な職場環境の形成の促進を図り、もって事業場における安全衛生の水準の向上に資することを目的とする。

---

2 OSHMS の概要

（1）OSHMS 導入の背景

昭和 47 年に労働安全衛生法が制定され、その結果、事業場においては安全衛生管理体制の整備・充実が進み、これまで、着実に労働災害は減少してきた。しかし、長期的にみると、労働災害の発生件数は減少してきているが、今なお多数の労働者が被災し、その減少率に鈍化の傾向がみられ、**表 1-1** に示す安全衛生上の問題が指摘されている。

表 1-1　OSHMS 導入の背景

●長年にわたり安全衛生管理のノウハウを蓄積したベテランの安全衛生担当者等の退職等により、安全衛生に関する知識、ノウハウがうまく継承されず、ややもすると事業場の安全衛生水準が低下し、労働災害の発生につながるのではないかという危惧があること
●無災害を継続している事業場であっても、「労働災害を起こす危険性のない職場」であることを必ずしも意味するものではなく、労働災害の危険性が潜在していること

このような問題点が指摘される中で、労働災害の一層の減少を図るためには、事業場において、生産管理、品質管理やその他の管理と一体になった安全衛生活動をPDCA という一連の過程を定め、その過程が連続的かつ継続的に実施できる仕組みをつくり、適切に実施されることが重要であると考えられ、ILO のガイドラインや厚生労働省の指針として示されたのである。

OSHMS のポイントとしては、次の 4 点があげられる。

① 全社的な推進体制

② リスクアセスメントの実施

③ PDCA サイクルの自律的システム

④ 手順化、明文化および記録化

（2）OSHMS の構成

指針で示されている OSHMS の全体的な構成を、**表 1-2** に示す。

OSHMS では、まず事業者による安全衛生方針の表明がなされる。そして、システムの運用を担当するシステム各級管理者とその役割、責任および権限を定め、実施運用する体制を整備する。さらに事業者の責任において、定期的にシステムの見直しを行うこととしている。

表 1-2　OSHMS の全体的な構成

第1条　目的	第11条　安全衛生目標の設定
第2条　法との関係	第12条　安全衛生計画の作成
第3条　定義	第13条　安全衛生計画の実施等
第4条　適用	第14条　緊急事態への対応
第5条　安全衛生方針の表明	第15条　日常的な点検、改善等
第6条　労働者の意見の反映	第16条　労働災害発生原因の調査等
第7条　体制の整備	第17条　システム監査
第8条　明文化	第18条　労働安全衛生マネジメントシステムの見直し
第9条　記録	
第10条　危険性又は有害性等の調査及び実施事項の決定	

（労働安全衛生マネジメントシステムに関する指針　平成 11 年 4 月 30 日労働省告示第 53 号）

（最終改正　令和元年 7 月 1 日厚生労働省告示第 54 号）

　このようにトップから作業者まで、立場・持ち場で、役割、責任および権限に基づき実行し、安全衛生活動を推進することが基本となっている。

（3）OSHMS の実施

　具体的な OSHMS の実施方法を**図 1-1** に示すが、次の①〜⑩の流れで展開する。

①　事業者による安全衛生方針の表明（第 5 条）。

②　機械、設備、化学物質等の危険性又は有害性等の調査（リスクアセスメント）（第10 条）。

③　危険性又は有害性の調査結果及び労働安全衛生関係法令等に基づく実施事項の決定（同上）。

④　安全衛生方針に基づく安全衛生目標の設定（第 11 条）。

⑤　④の安全衛生目標を達成するための、③の実施事項等を内容とした安全衛生計画の作成（第 12 条）。

⑥　安全衛生計画の実施等（第 13 条）。

⑦　安全衛生計画の実施状況等の日常的な点検及び改善等（第 15 条）。

⑧　定期的なシステムの監査を実施（第 17 条）。

⑨　⑦の結果に伴う事業者によるマネジメントシステムの見直しの実施（第 18条）。

⑩　上記を繰り返し、継続的に PDCA を実施。

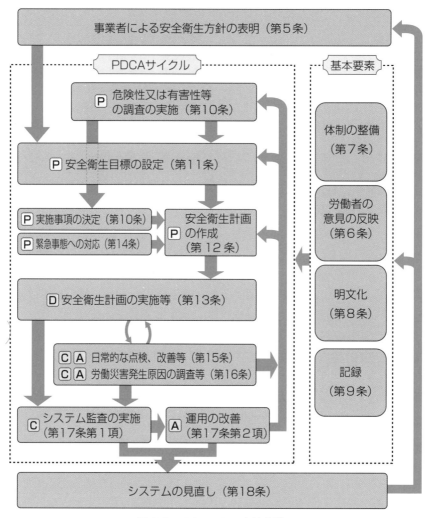

図 1-1　OSHMS の実施方法

3　OSHMS の基本的な考え方

（1）OSHMS 導入の意義

OSHMS 導入の意義について、**図 1-2** に示すように「経営との一体化」、「本質安全化への取組み」、「自主的な対応の促進」を進めることにより、安全衛生水準の向上が期待されている。

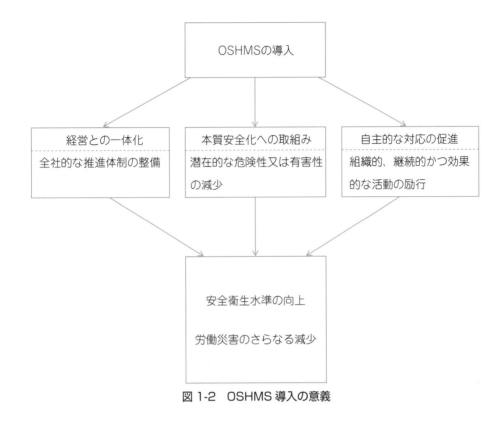

図 1-2　OSHMS 導入の意義

（2）従来からの安全衛生管理と OSHMS

　OSHMS と従来からの安全衛生管理との関係（**表 1-3**）は、次の 3 点に要約できる。

①　労働安全衛生法の自主的活動の促進に位置づけられるものであり、法の枠組みの中にあること。

②　事業者をトップとする法に基づく安全衛生管理体制を基盤として、労使一体の全社的取組みを定めているものであること。

③　従来からの安全衛生管理や活動の延長線上にあること。

　また、従来の安全衛生管理と異なることは、新たにリスクアセスメントの実施によるリスク低減に重点を置いたことと、システム監査（内部監査のこと。OSHMS 指針では「システム監査」という。）というこれまでにないチェック機能を働かせることによって、安全衛生水準の向上を確かなものとしたことである。

表 1-3 従来からの安全衛生管理と OSHMS の関係

① OSHMS の導入の目的は、安全衛生水準の向上による労働災害防止であること。
② 現行の労働安全衛生法に基づき指針が公表されており、これまでの労働安全衛生法を中心とした体系および内容を変更しないものであること。
③ 事業者が安全衛生対策を自主的に行うための指針であること。
④ 危険予知活動、ヒヤリ・ハット活動等従来からの現場の安全衛生活動の積み重ねを尊重していること（安全衛生計画の中に、危険予知活動、ヒヤリ・ハット、健康づくり活動等従来から実施されている安全衛生活動を加味して作成することとしている）。
⑤ 労使の協議と協力による全員参加を基本理念とし、OSHMS の導入に当たっては、労働者の代表の意見を聞くこと。
⑥ 国際的な OSHMS に対応し、また、わが国の既存の基準にも配慮したものであること。
⑦ 労働災害防止にとどまらず、健康の保持増進および快適職場の形成促進も実施事項の対象になること。
⑧ OSHMS とゼロ災運動のそれぞれの特徴を生かして、両者を一体的に運用すること。

（3）OSHMS とゼロ災運動の一体的な運用

　OSHMS は自主的な安全衛生の「管理の仕組み」であり、ゼロ災害全員参加運動（ゼロ災運動）は「一人ひとりカケガエノナイひと」という人間尊重の基本理念に基づいて、ゼロ災害・ゼロ疾病を究極の目標に、職場の危険や問題点を全員参加で解決し、安全と健康を先取りすることによって、明るくいきいきとした職場風土づくりをめざす運動である。このように、OSHMS とゼロ災運動にはそれぞれの特徴があり、この両者が一体的に運用されることが望まれる。

　つまり、OSHMS という「管理の仕組み」が適切かつ有効に機能するためには、ゼロ災運動の精神である「人間尊重の基本理念に基づく職場風土づくり」が重要である。また、ゼロ災運動を実施している事業場が OSHMS を導入すれば、ゼロ災運動の推進に管理の仕組みが確立し、継続的・安定的なゼロ災運動の展開が期待できる。このように、事業場、職場で OSHMS とゼロ災運動の両者が一体的に運用できれば、両者の長所が生きて安全衛生水準の一層の向上へとつながる。職長は、現場の安全衛生自主活動を動かす立場にあることから、現場での OSHMS の運用とゼロ災運動における職場の自主活動の適切な推進が望まれる。

※ゼロ災運動については、参考 2 を参照のこと。

第 2 章

OSHMS の導入と職長の役割

OSHMS の職場での具体的展開に当たり、職長に期待される「今後の役割および具体的課題ないし技術的課題」について学ぶ。

OSHMS の推進に当たり、職長の基本的な責務、役割等に「どのような変化」が生まれ、さらに、「どのような具体的課題ないし技術的課題」への対応が要請されるか、改めて考えてみる。以下、結論を先に述べれば、次の 3 点について、職長の働きが重要になる。

第 1 は、OSHMS が効果的な仕組みとして機能するためには、職長が率先垂範して取り組み、作業者も含め職場全体をまとめていくことが期待されること。

第 2 は、職場の問題点（危険性又は有害性）の特定、リスクの見積り、リスク低減措置の検討等を進めるため、職長はリスクアセスメント手法について理解を深めるとともに、その実施に参画する必要があること。

第 3 は、事業場全体の安全衛生計画の性格が、以前は安全・労働衛生週間等のイベント計画中心であったが、OSHMS の実施により、職場の問題点の効率的な解決に重点をおいたものに変化することになる。職長は事業場全体または部門の安全衛生計画について十分に理解を深め、職場の代表として安全衛生計画の策定に参画するとともに、その実施を推進することが必要となること。

1 職長の役割

ここでは、職長の立場よりみた OSHMS 導入について考えてみる。

（1）職長の責務とOSHMS導入の意義

　品質、環境における標準化による保証対象は、第一義的にはユーザーであり、地域住民に対するものといえる。一方、安全衛生におけるその対象は、現場の作業者となる。このことは、職長としての管理・監督者の立場から考えれば、自分の部下に対して安全衛生を保証することである。要は、自分の職場の安全衛生をより的確かつ確実に確保するということである。

（2）職長の職務範囲とOSHMS

　職長は、安全衛生に関しては、上司の指示を受け、また、安全管理者（または衛生管理者）と連携を図りながら作業を管理監督することから、職長は安全管理または衛生管理を現場で実行する者であることになる。

　安全管理者（または衛生管理者）が行うべき具体的措置（**表2-1**）の主要なものは、現場の職長などの管理・監督者が職場で実行すべきことを専門技術的な立場から協

表2-1　安全管理者・衛生管理者に付与される権限の具体的な措置
（昭和47年9月18日　基発第601号の1）

安全管理者に付与される権限の具体的な措置
① 建設物、設備、作業場所又は作業方法に危険がある場合における応急措置又は適当な防止の措置
② 安全装置、保護具その他危険防止のための設備、器具の定期的点検及び整備
③ 作業の安全についての教育及び訓練
④ 発生した災害原因の調査及び対策の検討
⑤ 消防及び避難の訓練
⑥ 作業主任者その他安全に関する補助者の監督
⑦ 安全に関する資料の作成、収集及び重要事項の記録
⑧ その事業の労働者が行う作業が他の事業の労働者が行う作業と同一の場所において行われる場合における安全に関し必要な措置

衛生管理者に付与される権限の具体的な措置
① 健康に異常のある者の発見及び処置
② 作業環境の衛生上の調査
③ 作業条件、施設等の衛生上の改善
④ 労働衛生保護具、救急用具等の点検及び整備
⑤ 衛生教育、健康相談その他労働者の健康保持に必要な事項
⑥ 労働者の負傷及び疾病、それによる死亡、欠勤及び異動に関する統計の作成
⑦ その事業の労働者が行う作業が他の事業の労働者が行う作業と同一の場所において行われる場合における衛生に関し必要な措置
⑧ その他衛生日誌の記載等職務上の記録の整備等

力・支援するものでもある。

したがって職長は、これらの事項を職場で実施する実務責任者であり、上司の指示を受け、また、安全管理者（または衛生管理者）と連携を図りながら職場のリーダーとしてその職務を果たしていくこととなる。

（3）職長の役割と OSHMS

OSHMS 指針は、前述したように、第 1 条～第 18 条で構成されている（第 1 章：表 1-2）。本システムの現場での具体的展開を考えると、職長の役割は次のとおりに整理することができる。

① リスクアセスメントを実施（職場に潜む危険性又は有害性を洗い出して特定し、リスクを見積もり、リスク低減措置を検討）するための職場の役割分担、手順等を明らかにしたルールをつくること

② リスクアセスメント結果などをもとに、事業場の安全衛生計画を具体化した職場の安全衛生実行計画を作成すること

③ ②の安全衛生実行計画を部下が確実に実施できるように、役割分担、手順等を定めること

④ ①のリスクアセスメント、②の安全衛生実行計画を部下が継続的に維持・展開するために、①、③で定める役割分担、手順等は、職場内の要領、標準書等の文書により明確にすること

2　職長に要請される今後の技術的課題

OSHMS の推進に当たり、今後、職長に要求される技術的課題について整理すると次のとおりである。

（1）危険性又は有害性の特定に関すること

危険性又は有害性の特定については、具体的には職場にある設備、作業方法また管理の方法について、どこに危険性又は有害性があるのかを検討することが第一歩となる。職長は、「第一線の現場で人と機械と作業を掌握し、作業者を直接指導・監督しているもの」という立場より考えると、職長が一番職場を知っているだけに、職長に期待するところが大きくなろう。

危険性又は有害性の特定には、一般的に「その作業に要求される一定の基準から

の逸脱」があり、この問題点を明らかにするためには必ず比較すべき対象・基準の明確化が必要となる。これらの問題点の発見には、法令をはじめ、社内規程、ルールの違反などさまざまなものが考えられるが、第 1 に対応するべきなのは、法令違反である。各種法令と職場の実態に乖離（かいり）があれば、法令違反であり、直ちに解決しなければならない。

　一方、職場には法令違反だけではなく、各種の指針やガイドライン、社内規程、ルール等の基準に合わないという問題も多々存在する。さらに、職場には法令、社内規程、作業手順等には規定されていないが、作業の実態等から災害に結びつく可能性のある潜在化した危険性又は有害性が存在している。OSHMS が要求している「危険性又は有害性の特定」は、職長の問題意識の高さに大きく影響される。

　以上のような点を踏まえると、次の点が職長の今後の課題となる。

【職長の 3 つの課題】
　①　法令について理解を深めること
　　　法令は、最低限度の基準である。自分の職場で何が法定の管理対象（人、作業、設備、点検等）になるか把握することが必要となる。現場作業の実態は、職長が一番詳しいだけに、作業と法令の関係をよく知ることが大切であり、今後、法令に関する知識を深めることが要請される。
　②　職長自身が職場の「あるべき姿」を持つこと
　　　人は物の見方、考え方一つでその行動が左右されるという性質を持っている。職場への問題認識は、見る人の問題意識の高さと、その人の価値判断に依存する側面がある。すなわち、現状に「疑問を抱く態度」、あるいは自分は「職場をこのようにしたい」というような職場に対する「あるべき姿」を持っていなければ、職場の問題の発見と改善は困難となる。
　　　よって、職長自らが自分の職場について「あるべき姿」を具体的にイメージする努力が、今まで以上に望まれる。
　③　リスクアセスメントについて理解を深めること
　　　リスクアセスメントの危険性又は有害性の特定とリスクの見積りに当たっては、職場を一番知り得る立場にある職長が重要な鍵となる。したがって、今後、職長はリスクアセスメントについて理解を深めることが必要となる。
　　〈リスクアセスメントの詳細については、第 2 編第 11 章を参照のこと〉

（2）職場の安全衛生実行計画の作成・推進に関すること

　職場の安全衛生実行計画の作成に参画し実施することは、職長の責務である。この計画を確実に実施するためには、職長自身が十分に実行計画への理解を深め、部下に対して十分な説明と指導を行うことが必要である。

　以上のような点を踏まえると、次の点が職長の今後の課題となる。

【職長の3つの課題】

①　各課（所属）の安全衛生計画策定への参画

　　各課の安全衛生計画における実施事項の優先順位の決定は、現場を一番知り得る立場にいる職長の参画なしに行われるのは困難であることから、各課の安全衛生計画の策定に際しても職長の参画が望まれる。

②　安全衛生計画に基づく職場の安全衛生実行計画の作成

　　安全衛生計画に基づき、職場ごとにそれぞれ職場の安全衛生実行計画を作成し、実施することが要請されている。

【例】　・たとえば、部下が10人いて一人当たり3件の安全衛生上の問題となる作業があれば、たちどころに30件の問題作業が想定される。

　　　　・これら多数の問題に優先度をつけて解決するための職場の安全衛生実行計画が必要となる。

③　部下に対する指導・教育の実施と職場の安全衛生実行計画の確実な実施

　　職長は部下に対して、安全衛生計画さらに職場の安全衛生実行計画における目標、実施項目、手段、役割分担等について十分説明し、教育・指導を行うことが必要である。特に、役割分担の決定では、部下の特性と役割を考えて、全員参加のもとで実行できるように努めなければならない。

●まとめと討議テーマ●

●まとめ

① OSHMS が効果的な仕組みとして機能するためには、職長が率先垂範して取り組み、作業者を含め職場全体をまとめていくことが期待されている。

② リスクアセスメントにより、職場の問題点およびその対策の決定がなされるだけに、職長は、その手法について理解を深めるとともに参画が必要となる。

③ 各課の安全衛生計画の策定に参画するとともに、その計画について十分理解を深め、部下に十分説明・指導し、職場の安全衛生実行計画を作成・推進することが要求される。

●討議テーマ

職場の問題点を見つけるためにはどのようにしたらよいか。

第**3**章 職場の安全衛生実行計画

この章で学ぶこと

> 安全衛生計画に基づく職場の安全衛生実行計画は、今後、事業場では必須条件となる。自分の職場の実行計画を確実に実施するために、計画の作成時に考慮すべき要件について学ぶ。

　OSHMS における事業場全体の安全衛生計画を遂行するには、各職場で安全衛生実行計画を作成しこれを確実に実施することが必要となる。また、職場単位で実施される安全衛生活動の集積結果が、事業場全体の安全衛生レベルを決めるだけに、今後、職長は確実に現場の計画を実行することが必要であり、また、システム監査によりその実施状況や目標達成状況がチェックされることとなる。そのため、職長は、部下に対し十分な説明と指導は欠かすことができない。したがって、職長はその実行計画の作成および実施に当たり、「どのような点」を考慮すべきか考えなければならない。ここでは実行計画の作成時に考慮すべき点について述べる。

　職場の安全衛生実行計画の作成・推進は、問題点の把握（リスクアセスメント）→重点実施事項の決定→実行計画の作成・実施→評価・改善の 4 段階のステップを踏んで進められる。**表 3-1** に考慮すべき事項を示した。

表 3-1　具体的手順と考慮すべき事項の例

第 1 段階	問題点の把握 （リスクアセスメント）	過去の安全衛生活動等の分析 職場環境の変化 職場のあるべき姿 職場特有の問題点
第 2 段階	重点実施事項	重点実施事項 目標レベルの設定
第 3 段階	実行計画の作成・実施	5W1H による計画作成 役割分担 説明と動機づけ 進捗状況の把握
第 4 段階	実行計画の評価・改善	活動結果の評価 改善

1 　第 1 段階：職場の問題点の把握（リスクアセスメントを含む）

　職場の安全衛生実行計画の作成の第一歩は、職場の問題点の把握である。

　職場の問題点は 1 つだけではない。数多くの潜在的に存在する問題点を掘り起こし、一つひとつの問題点について、リスクアセスメントを実施するとともに、**表3-2** に示す項目を考慮し、その対策を明確にし、改善すべき対象の特定を行う。

表 3-2　第 1 段階で考慮すべき 4 つの項目

> 　次の 4 項目より、問題点の把握ならびにその対策について考えることが必要である。
> ① 　過去の分析
> 　→安全成績、災害分析、安全衛生活動等がある。
> ② 　職場環境をめぐる周辺状況の変化
> 　→今日の経済社会の環境は極めて流動的であり、変化も激しい。このような、周辺状況の変化が、職場の安全衛生の確保にどのような問題点を生み出すか考えることも欠かすことができない。
> ③ 　職場の「あるべき姿」
> 　→職場の安全衛生実行計画の作成に当たり、トップの方針や部・課の目標・計画を踏まえて、自分の職場に「要求される姿」、「正常な状態や姿」である。
> 　最低限、法令に決められていることは、守られている職場でなければならない。
> 　いずれにしても、要は、将来実現したい職場の姿である。
> ④ 　職場特有の問題点
> 　→機械設備、作業環境、作業自体、作業者と管理監督者それぞれの役割などの問題点

2 　第 2 段階：重点実施事項の決定

　職場の問題点を把握し、その対策が明確になれば、重点実施事項はおのずと明らかになる。たとえば、リスクアセスメントの結果、優先度が高いとされたリスクの低減措置の検討および実施などがそれに相当することになる。重点実施事項の検討に当たっては、事業場全体の重点実施事項と矛盾することがないように、また、「何を」、「何のために」、「どのレベルまで」を明確にすることが必要である。

　特に、具体的な目標レベルの設定は、**図 3-1** のように欠かすことができない。また、安全衛生活動のマンネリ化はよく聞く話であるが、その原因の 1 つに、目標レベルのあいまいさがあげられる。目標レベルが不明確であれば、達成度の評価が困難である。また、目標レベルにより、到達するために必要な活動は当然に異なるはずである。しかし、目標レベルをあいまいなままにすると、具体的活動も、例年同じような活動がなされることになり、必然的にマンネリ化に陥ることになる。このため目標についてはできるだけ数値化することが重要である。

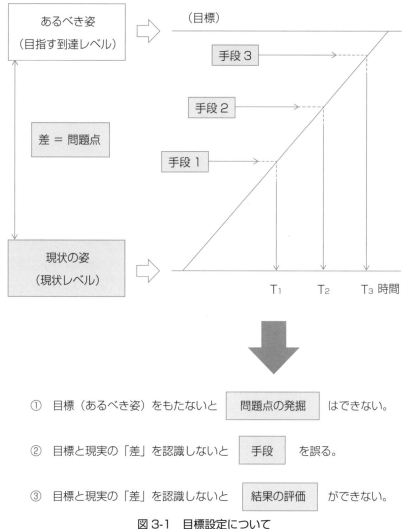

① 目標（あるべき姿）をもたないと ［問題点の発掘］ はできない。

② 目標と現実の「差」を認識しないと ［手段］ を誤る。

③ 目標と現実の「差」を認識しないと ［結果の評価］ ができない。

図 3-1　目標設定について

3　第３段階：職場の安全衛生実行計画の作成・実施

（1）職場の安全衛生実行計画の作成

　重点実施事項と目標レベルが決まれば、事業場の安全衛生計画を踏まえて、これらをどのように実施するか５W１Ｈに従い職場の安全衛生実行計画を作成する。職場一人ひとりの役割分担と具体的な活動内容をスケジュールとともに明らかにする。

（2）計画の実施

　どのような計画を立てても職場で実行されなければ意味をなさない。職場の安全

衛生実行計画を実行に移すためには、作業者に十分説明し納得してもらう必要がある。場合によっては研修・教育を実施し、動機づけを十分に行う。また進捗状況を確認することが必要である。進捗状況に遅れなどの問題点があった場合には、当初の目標・成果を達成するため、その原因を把握し、必要な改善を行う。職長が関心のないことについて作業者が自主的に行うことはまれなことである。進捗状況の管理は、職長の関心度を示すバロメーターでもある。

4 第4段階：職場の安全衛生実行計画の評価・改善

　職場の安全衛生実行計画の評価を確実に行うためには、活動ごとの結果の評価が必要であり、そのためには、前述した活動ごとに目標レベルが具体的に設定されていなければならない。職長として、部下の実施結果について、適切な評価や判断を行うことが重要である。OSHMS ではシステム監査のほかにも、日常的な点検・改善等が求められている。

　なお、職場の安全衛生実行計画における重点実施事項を明確にし、与えられた条件（時間、人数、予算）の中で実行可能な計画にしなければ、計画倒れになる可能性が高くなる。

　また、目標の達成が困難である場合は、改めて検討を行い改善を図ることが必要となるが、目標が達成できなかった場合は、原因を追究し、翌年の計画で確実に実行できるようにしなければならない。

●まとめと討議テーマ●

●まとめ
① 職長単位で実施される安全衛生活動の集積結果が、事業場全体の安全衛生レベルを決めるだけに、職長は職場の安全衛生実行計画を確実に作成・実施することが必要となる。

② 職長は、職場の安全衛生実行計画を確実に推進するために、**表3-1** に示す事項について理解を深めることが必要である。

●討議テーマ
自分の職場の安全衛生実行計画について、**表3-1** の事項で評価する。

第1章　ゼロ災害全員参加運動とは

1　ゼロ災害全員参加運動の目的

　ゼロ災害全員参加運動（ゼロ災運動）は労働災害の減少といった統計的、マクロ的な数値目標としての災害ゼロを求める運動ではなく、働く人の立場に立ち（人間尊重の理念に基づき）ゼロ災害、ゼロ疾病を究極の目標に、全員参加で安全と健康を先取りすることにより、いきいきとした職場風土づくりを目指す運動である。具体的には、職場の安全先取り活動である危険予知（KY）活動、指差し呼称、4S活動等を行うことによってヒューマンエラーによる事故を防止し、職場の安全水準を上げるための現場力の向上を図る運動として多くの職場で導入されている。

2　ゼロ災運動の理念

　職場にはいろいろな人が働いている。それぞれが固有名詞を持つ人たちであり、誰一人ケガをしてもよい人、死んでも仕方がない人などいない。誰一人ケガをさせ

ゼロ災運動基本理念3原則

人間尊重（人を中心におく運動）
（一人ひとりカケガエノナイひと）

ゼロの原則
先取りの原則
参加の原則

ゼロ災運動は、「理念」－「手法」－「実践」を三位一体で進める運動

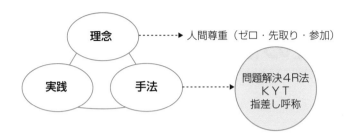

ない、そのために、全員参加で安全と健康を先取りしていこうという人間尊重の実現がゼロ災運動の出発点であり、理念である（ゼロ災運動基本理念 3 原則）。ただ、単なる理念だけの精神運動ではなく、職場や作業に人間尊重理念を実現するための具体的な手法があり、その手法を生かした実践プログラムをつくり日々職場で展開されて初めて魂の入った活動となる。

3 ゼロ災運動推進 3 本柱

　ゼロ災運動は、安全衛生管理の徹底と併せて、職場第一線の自主活動、すなわち、「自分の安全は自分で守る」、「仲間の安全はみんなで守る」という自ら進んでやる気を持って行う職場自主活動によって安全衛生のライン化を完成させる運動でもある。職場自主活動がうまくいくかどうかは、トップのこの活動への理解と管理監督者の職場第一線への指導援助、ねぎらいとフォローが鍵となる。

① まずはトップの強いリーダーシップ

　　事業場のトップは、ゼロ災運動の推進を表明し、ゼロ災運動の推進者となる管理監督者、安全衛生スタッフ等に対して、ゼロ災運動の意義および各種安全先取り手法等の習得を促す等、トップ自らゼロ災運動推進への強いリーダーシップを発揮する。トップの決意でゼロ災運動の成否は決まる。

② 管理監督者の率先垂範および安全衛生スタッフのサポート

　　管理監督者は、トップの意向を踏まえ、ゼロ災運動の意義および安全先取り手法等の理解に努め、自らこの運動へ積極的に参加し、職場への普及・定着に努める。

　　具体的には、危険予知活動手法等を活用した実践プログラムを作成し、自ら職場への指導、援助を行い、ゼロ災運動の定着に努める。

　　また、安全衛生スタッフは、管理監督者のゼロ災運動の取組みに対して、各種危険予知活動手法の紹介や具体的進め方を助言する等管理監督者をサポートする。

③ 職場自主活動の活発化による現場力の強化

働く人一人ひとりが、安全と健康を自分自身、仲間同士の問題ととらえ、毎日のツール・ボックス・ミーティング（TBM）で短時間の危険予知活動を実践し、職場自主活動の活発化を図る。

4 ゼロ災運動と OSHMS との一体的運用

職場の安全衛生の確保は、安全衛生管理の徹底がまず基本である。そこに OSHMS という管理の仕組みを導入することにより、職場の危険が適正に除去、低減され安全衛生水準の向上につながる。しかしながら、人は時として、近道反応、省略行為といった管理では想定しきれない思いもよらない行動を取り、それが事故・災害に結びつくことがある。このような人間の行動特性によるエラー事故や OSHMS により除去・低減しきれなかった危険については、職場の小集団活動により、現場第一線が自主的、自発的に自らの注意によって危険を回避する日常的な取組みが有効である。

このように、安全衛生管理と職場自主活動が一体的に推進されることにより、事業場全体の安全衛生への取組みを完成させることができる。言い換えると職場自主活動によって、ラインの安全衛生の確保が進むことから、ゼロ災運動は安全衛生のライン化を完成させる運動といわれている。

安全衛生管理と職場自主活動はかけ算の関係

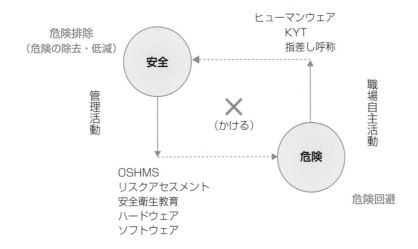

　職場が自主的、自発的にこれらの活動に取り組むためには、日ごろの管理監督者の現場に対する指導援助、ねぎらい、フォローが鍵となる。

　ゼロ災運動を実施している事業場またはこれから実施しようとする事業場がOSHMS を導入すれば、ゼロ災運動の推進に管理の仕組みが確立し、継続的・安定的なゼロ災運動の展開が期待できる。職長は、職場の小集団活動である職場自主活動を動かす立場にあることから、現場での OSHMS の運用と職場自主活動の適切な推進が望まれる。

2 職場自主活動

1 職場自主活動の課題

　職場小集団の話し合いは、職場のさまざまな問題の解決や自主的推進への意欲を高める効果的な活動として職場自主活動と呼ぶ。しかしながら、災害は毎日毎日、時々刻々、一瞬一瞬いつ何時に起こるかも知れない。人間はついウッカリしたり、ボンヤリしたりする。錯覚し、横着して近道したり、省略したりする。これらのヒューマンエラーによって引き起こされる事故や災害を、月1回の安全ミーティングのみで防止することはできない。また、多忙な職場では話し合いにかける時間も限られてしまうという課題がある。これらの課題に対して、毎日毎日、短時間にその日の作業の危険（問題）を話し合いにより発見・把握・解決する有効な手法として危険予知訓練（KYT）がある。危険予知訓練に基づく危険予知（KY）活動手法が多

KYT の系譜

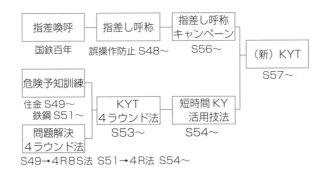

KYT 活用技法の開発

くの事業場で取り入れられ、創意工夫を加えて実践された結果、さまざまな短時間のKYT活用技法が開発された。

2　主な危険予知活動手法

(1) 指差し呼称

　指差し呼称は、作業行動の要所要所で、自分の確認すべきことを「○○ヨシ！」と、対象を腕を伸ばしてしっかり指差し、はっきりした声で呼称して確認することによって作業を安全に、誤りなく進めていくために行う確認手法である。

(2) 指差し唱和

　指差し唱和は、リーダーがスローガン等の対象を「○○ヨシ！」ととなえ、続けてメンバー全員で対象を指差し、唱和することにより、その目標に気合を一致させ、チームの一体感・連帯感を高めることを狙いとする手法である。

(3) タッチ・アンド・コール

　タッチ・アンド・コールは、チーム全員が手を合わせたり、組み合わせたりして、リーダーのリードでスローガン等を唱和する。全員のスキンシップによりチームの一体感・連帯感を高めるとともに、無意識的にも安全行動のとれる人づくりを狙いとする手法である。

(4) 危険予知訓練

　危険（キケン）のK、予知（ヨチ）のY、訓練（トレーニング）のTをとって、KYTという。KYTとは、危険に関する情報をお互いに寄せ集め、話し合って共有化し合い、それを解決していく中から、危険のポイントと行動目標、指差し呼称項目を定める手法である。KYTを日常的に訓練することにより、危険に対する感受性、集中力、問題解決能力を高めるほか、自ら進んで取り組むことにより、実践への意欲を高め、いきいきとした職場風土づくりに効果を上げる。

　KYTは、KYTの基本手法である「KYT基礎4R（ラウンド）法」をベースに産業現場の中で、短時間に活用できる多くの応用手法が生み出された。主な活用レベルの代表的な手法を紹介する。

① 作業指示者レベル

作業を安全で誤りなく進めさせるには、監督者の適切な作業指示が重要な要素となる。適切な作業指示とは、5W1H（なぜ、誰が、いつ、どこで、何を、どのように）により作業指示のもれをなくすとともに、KY のポイントを確実に伝える必要がある。また、復唱、復命を活用し作業指示者の指示が適切に伝わったかを確認することもミスの防止に欠かせない。これら作業指示者レベルの KYT として開発された手法に「作業指示 STK 訓練」、「適切指示即時 KYT」等の手法がある。

② チームレベル

始業時、現場到着時、作業開始時等、その時その場に即して、チームでごく短時間に行う KYT 手法が多くの業態で創意工夫され生み出された。「ワンポイント KYT」、「SKYT（ショートタイム KYT）」はその代表的手法であり、5 分、3 分と短時間に行う KYT 手法として多くの事業場で実践されている。

③ 1 人レベル

特に非定常作業における安全確保に有効な手法として開発されたのが「自問自答カード 1 人 KYT」である。1 人 KY の問題点は、1 人で早く実践しようとするために重要危険を見落とす可能性があることから、自問自答項目のチェックにより重要危険の見落としを防ぐ手法である。

(5) 健康 KY

監督者が部下の健康状況を自己チェックさせたり、観察したり、問いかけることにより、適切な指導や作業上の必要な措置を行うための手法である。特に高所作業など危険な作業に従事させるときには、強い関心を持って行う等、健康が安全作業の基本だという認識から生まれた手法である。

(6) ゼロ災チームミーティングシナリオ役割演技訓練

始業時等にリーダーを中心に行うチームミーティングのシナリオを作成し、そのシナリオを数人のメンバーできびきびと役割演技（ロール・プレイング）することによって、短時間の充実したツール・ボックス・ミーティング（TBM）の定着化を図る手法である。各種の手法を組み合わせ、現場の実践活動に即応用ができ、しかも双方向のコミュニケーションが図られることから「現場力」を向上させる手法として活用されている。

3 日々の危険予知活動の実践

日々の作業に指差し呼称、指差し唱和、健康 KY、各種 KY 手法を組み込み毎日実践していくプログラムを現場に提供するのは管理監督者の役割といえる。

日々の作業は大別して、作業前、作業中、作業後に分けられるが、こうした 1 日の作業サイクルに各種安全先取り手法を組み込み毎日実践することを「安全作業 KY サイクル」と呼ぶ。建設業では、「安全施工サイクル」とも呼ばれている。「安全作業 KY サイクル」を日々、月、年と回すことにより、各種手法が実践活動として生かされ人間尊重理念の実現に向けた組織ぐるみの活動となる。実施例は以下のとおり。

① 作業前

作業前には、指差し呼称による始業前点検、監督者による部下の健康観察・健康問いかけ、一言スピーチ、目標唱和、適切作業指示、実践 KY 等を行う。

② 作業中

作業中には、指差し呼称による安全確認、現地現物 KY、管理者の職場巡視の際の問いかけ KY、非定常作業時には作業指示 STK 訓練を活用し作業指示者による適切作業指示等を行う。

③ 作業後

作業後には、指差し呼称による終業時点検、ヒヤリ・ハット報告、帰宅時、出勤時を想定した交通 KYT 等を行う。

危険予知活動手法等を活用した日々の実践プログラム

安全作業 KY サイクル

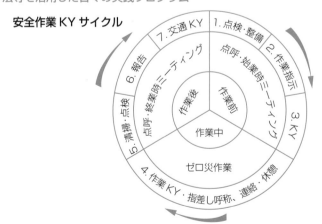

（資料）向老者の心身機能の特性

20〜24歳ないし最高期を基準としてみた、55〜59歳の年齢者の
各種機能水準の相対関係

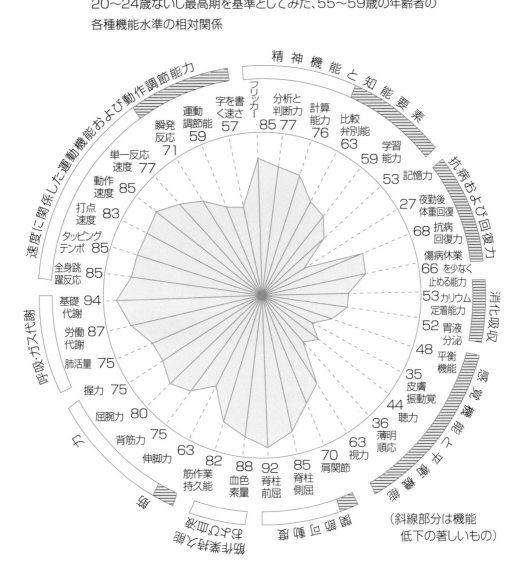

（斜線部分は機能
低下の著しいもの）

（「労働の科学」22巻1号、P6、1967 斉藤一：向老者の機能の特性）

職長の安全衛生テキスト

平成23年３月22日	第１版第１刷発行	
平成24年12月25日	第２版第１刷発行	
平成29年１月31日	第３版第１刷発行	
令和２年１月31日	第４版第１刷発行	
令和５年10月31日	第５版第１刷発行	
令和６年９月20日	第６刷発行	

編　　　者	中央労働災害防止協会	
発　行　者	平山　剛	
発　行　所	中央労働災害防止協会	
	〒108-0023	
	東京都港区芝浦３丁目17番12号	
	吾妻ビル９階	
	電話　販売　03(3452)6401	
	編集　03(3452)6209	
表紙デザイン・イラスト	まつしまデザインブース	
印刷・製本	(株)アイネット	

落丁・乱丁本はお取り替えいたします。　　　　　　　　Ⓒ JISHA 2023
ISBN978-4-8059-2123-4　C3060
中災防ホームページ　https://www.jisha.or.jp/